U0607863

北京市科学技术委员会
科普专项资助

模型入门丛书
《航空模型》出品

遥控模型滑翔机
基础知识

卢 征 著

北京航空航天大学出版社
BEIHANG UNIVERSITY PRESS

内 容 简 介

本书囊括了各类主流遥控模型滑翔机项目，介绍了模型器材、操纵调试方法、飞行技巧、竞赛规则等方方面面，并针对薄壳结构模型滑翔机的制作工艺做了详细说明。

本书适宜有一定基础的模型爱好者阅读，也可作为中学科技教师与航模教师培养青少年的学习教材。

图书在版编目（CIP）数据

遥控模型滑翔机基础知识 / 卢征著 . -- 北京：北京航空航天大学出版社，2016.1（2020.8 重印）
ISBN 978 - 7 - 5124 - 2028 - 1

Ⅰ. ①遥… Ⅱ. ①卢… Ⅲ. ①模型飞机（航空模型运动）—滑翔机—基本知识 Ⅳ. ① G875.3

中国版本图书馆 CIP 数据核字（2016）第 005536 号

版权所有，侵权必究。

遥控模型滑翔机基础知识
卢 征 著
策 划 航空知识杂志社
策划编辑 宁 波
责任编辑 张冀青
＊
北京航空航天大学出版社出版发行
北京市海淀区学院路 37 号（邮编 100191）　http://www.buaapress.com.cn
发行部电话：(010) 82317024　传真：(010) 82328026
读者信箱：hkmxtg@sina.com　邮购电话：(010) 82316936
保定市正大印刷有限公司印装　各地书店经销
＊
开本：700×1 000　1/16　印张：12.5　字数：184 千字
2016 年 4 月第 1 版　2020 年 8 月第 2 次印刷
ISBN 978 - 7 - 5124 - 2028 - 1　定价：58.00 元

若本书有倒页、脱页、缺页等印装质量问题，请与本社发行部联系调换。联系电话：(010)82317024

总　序

　　航空模型是在人类探索航空的过程中产生的。现代航空的先驱们几乎普遍采用了航空模型简易试验这一简便、安全、有效的方法，研究飞行理论，构思飞行器的方案。因此，航空模型可以看作是航空器的前身、雏形，是人类探索飞行的开路先锋。如今，航空模型已成为一项集科技、教育、体育、实践、科研、竞技等于一体的大众活动。

　　首先，航空模型活动是人们接触航空、学习研究航空的一个途径。特别是青少年学生，很容易在接触航空模型的过程中对航空产生兴趣，进而逐渐从兴趣和爱好上升到为航空事业献身的崇高理想和志愿。青少年参与航模活动，能亲身经历从构思、设计、制作到飞行的全过程，这种机会是通过其他活动难以获得的。

　　其次，通过开展航空模型活动，可以学习理论和实践相结合的工作方法。因为航模的设计、制作和放飞，必须应用航空各有关学科的理论知识来指导，才可能获得预期的飞行效果；而通过这些实践，又可以进一步加深对理论知识的理解。

　　再次，模型活动可以锻炼和提高手脑并用的能力。通过自己构思和设计出来的模型，必须亲自动手制作完成，并在放飞的过程中精心调整，才能实践飞行。

　　同时，航空模型还是一项竞技运动，有严格而完善的竞赛规则和创纪录条例。通过不断改进模型性能、提高飞行能力和技巧，有利于激发青少年的创新精神和进取精神以及为国争光的荣誉感和责任感。

　　这不仅对青少年学生的培养有着积极的作用，顺应了当前素质教育的要求，而且对航空专业的大专学生及专业人士，也大有裨益。许多优秀的飞行员、航空工程师、航空科学家就是从接触航空模型开始的。

　　长期以来，有关航空模型的相关图书非常稀缺，指导初学者的入门类图书更是凤毛麟角，其相对专业的知识领域成为阻挡各类出版机构涉足的一大障碍。

为此，航空知识杂志社旗下《航空模型》杂志利用 30 多年积累的大量作者及内容资源，将纷繁复杂的航空模型各领域按照不同项目、不同层次分门别类地梳理出几大方向，编纂出版了这套《模型入门丛书》，希望为不同知识与能力背景的中小学生、学校航模与科技辅导员、航模爱好者提供相应的指导与帮助。

本套图书共分 4 册，分别为《遥控模型滑翔机基础知识》《电动模型飞机动力系统配置》《模型窍门一点通》和《拼装飞机模型制作工艺》。其中前 3 本的内容为动态模型飞机，既有最流行的项目详解，又有电子动力设备的选型配置推荐，还有关于模型的经验技巧总结。最后一本的内容为静态飞机模型，是一本内容严谨详实的静态模型制作教程。

本套图书自 2014 年启动以来，在创作、策划、编辑出版及制作团队的共同努力以及航空知识杂志社、北京航空航天大学出版社、北京市科学技术委员会的大力支持下，终于按期出版上市。在此，要感谢北京市科学技术委员会，特别是项目主管肖健老师，全套图书正是在科委科普专项经费资助下才得以顺利出版。其次，感谢卢征、张宇雄、张进、江东等 4 位作者的辛勤创作以及对我们的信任，确保了全套图书得以高质量完成。再次，感谢航空知识杂志社科普期刊事业部领导、同事与北京航空航天大学出版社办公室、总编室、出版部、加工中心、营销中心、财务部、理工分社各位同仁，以及北京丰模世界模型店的大力支持与配合，使图书能如期上市。还要感谢俞敏、武瑾媛、邢强、张锦花、殷灿、张倩、谢步堃等人在项目申报、书稿整理等方面所做的繁杂工作。最后，感谢策划团队宁波、周好楠、李博翰及制作团队闫妍、罗星等人的辛勤付出。

《航空模型》编辑部
《模型入门丛书》策划团队

2015 年 12 月于 北京

前　言

　　在航空模型的众多运动项目中都能看到遥控模型滑翔机的身影，它是很多模型项目的基础，对于模型爱好者判断气流、掌握操纵技术等方面都有很重要的作用。遥控模型滑翔机的种类很多，如 F3B 遥控牵引模型滑翔机、F5B 遥控电动模型滑翔机、S8D/S8E/P 遥控火箭推进模型滑翔机等，都是非常专业的遥控模型项目。

　　这些分属不同项目的模型滑翔机，都有一些共同的特点。一是外形布局相似：展弦比大、重量轻、体形修长；二是都需借助外力或自身动力升空达到一定高度，之后转入滑翔飞行。本书将为读者重点介绍 F3B 相关项目（包括 F3J、F3F、F3H、F3Q 和 F3K 项目，其中 F3K 项目有关抛甩训练方法的部分由李士其撰写，在此表示感谢）和 S8D/S8E/P 几种模型滑翔机的基本情况，并就这些模型滑翔机常用的薄壳结构工艺做了详细介绍，使大家全面深入地了解这些项目的发展及技术特点，以便更好地参与其中。

CONTENTS 目录

F3B 遥控牵引
模型滑翔机

2

3

S8D/S8E/P 遥控
火箭推进模型滑翔机

附录　图纸

1

F3B 遥控牵引模型滑翔机

F3B 是国际航空联合会（FAI）航空模型运动委员会（CIAM）开展的重要航模运动项目，全称为 Radio Controlled Flight of Thermal Soaring Gliders，中文名称为国际级无线电遥控牵引模型滑翔机（根据 FAI 的最新规则，F3B 英文名称改为 Multi Task Thermal Soaring Glider，即多课目牵引模型滑翔机）。F3B 遥控模型滑翔机自身不带动力，由电动绞盘车回收牵引线来牵引模型爬升到高空（见图 1-1）。等模型达到最大高度后转入滑翔状态，再由运动员遥控完成各种比赛动作。

（一）F3B 概述及发展

F3B 模型滑翔机体态轻盈，外形舒展流畅，依靠空气动力来实现飞行。F3B 比赛包括留空定点、距离和速度三个课目，由同一架模型飞机完成，因为这三个课目差异很大，所以对模型滑翔机的各项性能提出了很高的要求。例如，模型在不同课目比赛的速度最低不到 10 m/s，最高可超过 60 m/s；模型起飞过程中，机翼需要承受的过载高达 50 g，而一架真正的战斗机设计过载也只有 9 g。这些特点都给模型设计制作增加了难度。为了获得最佳的气动效果，F3B 一般采用简单实用的常规布局：机身细长呈流线形；机翼采用上单翼、高升力薄翼型、大展弦比（一般都超过 10）；尾翼为 V 形（见图 1-2）或 T 形（见图 1-3）布局。

为获得更小的机体重量和更高的结构强度，F3B 机身、机翼及尾翼等主要部件一般都采用碳纤维、芳纶纤维、玻璃纤维等复合材料制造。与普通的木质材料相比，复合材料比强度高、柔韧性好，制成的模型飞机结实耐用，不容易损坏，使用模具能批量制造各种形状复杂的高精度零部件，既能保证模型的外形尺寸，又能保证模型的表面质量。由复合材料制作的模型滑翔机，表面光滑、美观精致，堪称技术与艺术的完美结合（见图 1-4）。

国际航联规则允许 F3B 模型滑翔机加配重、增加襟翼、改变机翼安装角、

图 1-1　F3B 模型由电动绞盘车牵引升空

图 1-2　V 形尾翼布局的 F3B 模型滑翔机

图 1-3　T 形尾翼布局的 F3B 模型滑翔机

图 1-4　由复合材料制作的 F3B 模型滑翔机堪称技术与艺术的完美结合，图中这张惟妙惟肖的脸谱就是由一幅 F3B 机翼拼出的

图 1-5　展开襟翼正在降落的 F3B 模型滑翔机

图 1-6　2007 年 F3B 团体冠军德国队（右一为 Reinhard Liese）

改变机翼弯度、安装刹车装置，或通过无线电遥控改变模型在空中飞行时的几何形状或面积（例如折叠翼、伸缩翼等）。目前，几乎所有的 F3B 都装有这类附加装置以提高性能，运动员可通过先进的微电脑无线电遥控设备设置、控制这些附加装置的开启或关闭，以适应不同课目飞行的需要（见图 1-5）。

作为国际航联最早开展的运动项目之一，F3B 最初仅设留空定点一个单项课目，但不久就增加到包括距离和速度在内的三个比赛课目。1977 年，F3B 正式成为世锦赛项目，第 1 届世锦赛在南非举行，此后每两年举行一次。2007 年在瑞士举行的第 16 届 F3B 世锦赛上，团体冠军被德国队获得（见图 1-6）。该项目在欧洲开展得较为广泛，所以 F3B 世锦赛也多在欧洲国家举行，参赛运动员也以欧美选手居多，以色列于 1993 年举办了第 9 届 F3B 世锦赛，成为首个举办这项比赛的亚洲国家。

我国于 1980 年开展 F3B 项目，进步很快，技术水平也有很大提高，但与世界先进水平相比，仍存在一定差距。F3B 项目在鼎盛时期，曾出现河南、北京和上海三足鼎立的局面（见图 1-7）。

图 1-7　夕日热闹的比赛现场

图 1-8　笔者与 F3B 模型滑翔机

然而，由于 F3B 项目辅助器材复杂笨重、所需助手较多，存在技术两极分化、弱队未赛先输等诸多情况，1987 年以后，该项目的发展陷入低谷。随着报名参赛队伍和运动员人数的逐年减少，F3B 项目最终在 1995年淡出全国比赛舞台。尽管如此，仍有一些 F3B 爱好者活跃在全国各地（见图 1-8）。

2011 年 9 月 23 ～ 28 日，第18 届 F3B 世锦赛在我国山东省莱芜市举行，这是该项国际顶级赛事时隔近 20 年后再次来到亚洲，也是首次到中国举办（见图 1-9、图 1-10）。包括来自德国、美国、澳大利亚、法国、南非、日本以及中国内地和香港地区的共 8 支队伍、26 名运动员参赛。虽然参赛队伍数量不多，但德国、美国、法国等世界强队悉数前来，保证了大赛的国际水准。

图 1-9　第 18 届 F3B 世锦赛于 2011 年首次在我国举行

图 1-10　代表 F3B 比赛最高荣誉的团体及个人奖杯随第 18 届 F3B 世锦赛一起首次现身中国

(二)F3B技术特点

1. 场 地

F3B 项目不需要起飞与降落跑道，一般有一块足够大的平整草地即可。图 1-11 为国际航联提供的标准赛场布局。深色区域为安全区，包括比赛主场区和服务区，其设置需适应举办地的场地条件。比赛主场区是一块长约 220 m 的矩形区域，宽度根据比赛规模与场地条件可作调整，主要布置牵引起飞设备、观测设备等（见图 1-12~图 1-16）。正式比赛时，各队沿 A 基线方向一字排开放飞模型，各基线处亦有相应的基线裁判员执法比赛（见图 1-17、图 1-18）。服务区有各种设施，能够为参赛队伍提供赛事服务（见图 1-19、图 1-20）。

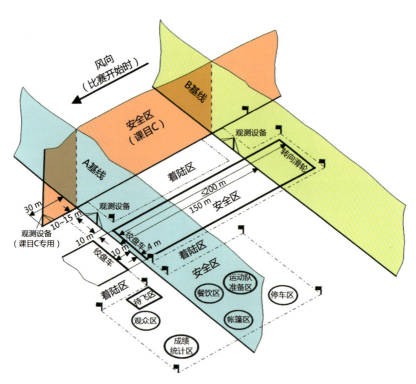

图 1-11 F3B 比赛标准赛场布局图

图 1-12　赛场上一字排开的绞盘车

图 1-13　赛场远端的牵引线转向滑轮

图 1-14　在绞盘车与滑轮间布放牵引线

图 1-15　场地上布满的牵引线在阳光下闪闪发光

图 1-16　参赛选手面前都支有一个观测架，用于辅助观察模型是否飞越基线（图左侧远处的三脚架即为基线标识杆）

图 1-17　选手们沿 A 基线一字排开准备放飞模型

图 1-18　A、B 基线处各有一组裁判员，他们可借助基线标志杆上的拉线准确判断模型是否
穿越了基线

图 1-19　成绩统计区的报时与信号设备

图 1-20　赛场边的准备区可供运动员存放、调整模型

2. 起飞阶段

F3B 项目分为起飞和滑翔两个阶段。模型滑翔机要实现无动力长时间可控飞行，必须具备一定的初始高度与速度。理想的起飞过程结束时，应该使模型获得最大高度的同时平稳转入平飞滑翔。图 1-21 为 F3B 的典型起飞过程：运动员操纵遥控器与电动绞盘车，助手保持好模型起飞姿态（见图 1-22）；协调好以后助手释放模型，运动员控制电动绞盘车转速，回收牵引线牵引模型爬升，同时根据模型飞行姿态控制各操纵舵面以保持最佳飞行姿态。

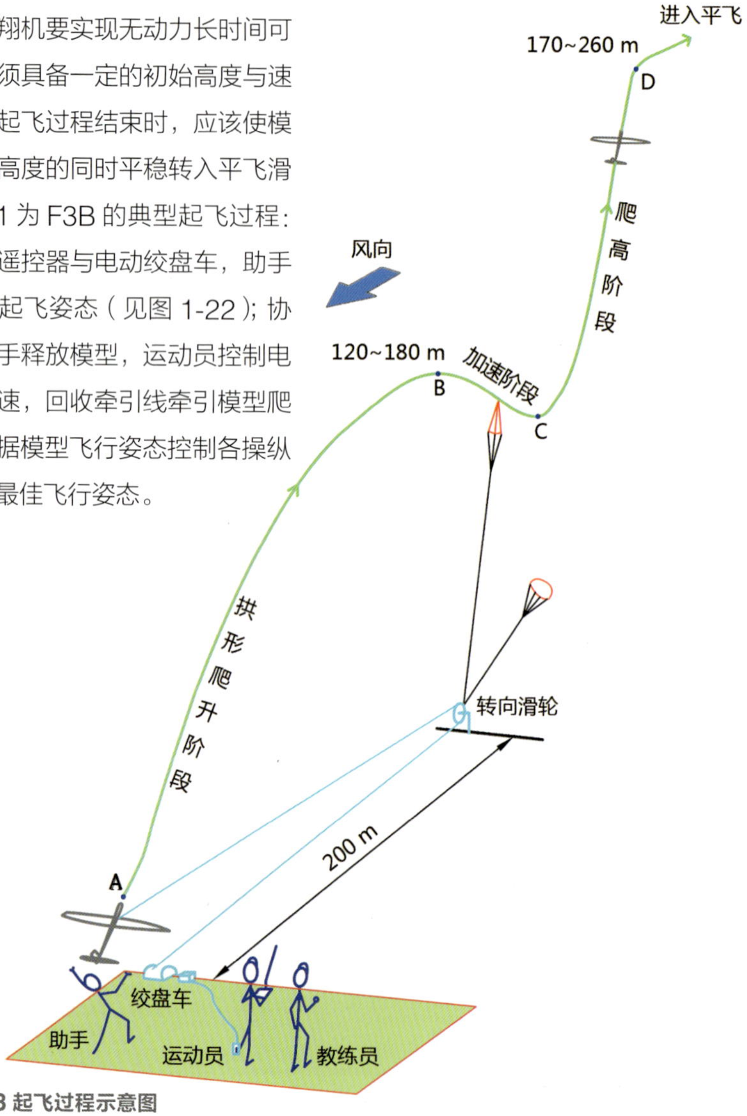

进入平飞

170~260 m
D

爬高阶段

风向

120~180 m
B
加速阶段
C

拱形爬升阶段

转向滑轮

200 m

绞盘车
助手
运动员
教练员

图 1-21 F3B 起飞过程示意图

当然,电动绞盘车也可由助手控制,运动员则专心操纵模型(见图 1-23、图 1-24)。由图 1-21 可见,起飞初始阶段为拱形爬升阶段(见图 1-25),即图中的 AB 段。此时模型在绞盘车的作用下保持大迎角、低速爬升状态。当模型爬升至 120~180 m,与牵引线间的夹角接近 70° 时,转入脱钩加速阶段(见图 1-26),即图中的 BC 段。这一阶段模型高度略微下降,但速度可在 2 s 内由 30 km/h 激增至 180 km/h。同时牵引线在阻尼伞减速作用下与模型脱钩分离。达到 C 点时运动员操纵升降舵,使模型以接近垂直的角度继续向上爬高,直至耗尽所有能量到达 D 点获得最大高度(170~260 m),之后即转入平飞滑翔阶段,至此起飞阶段完成(见图 1-27)。由此可以看出,A、B、C、D 四个转折点是模型滑翔机起飞阶段成功与否的关键。

图 1-22　助手保持好模型姿态准备放飞

图 1-23　两位助手配合放飞模型,其中一位控制好模型姿态(左),另一位控制电动绞盘车(右)

图 1-24 也可由一位助手同时控制模型与电动绞盘车（注意助手脚下的绞盘车开关）

图 1-25 模型起飞后沿图 1-21 中的 AB 段拱形爬升

图 1-26　模型进入脱钩加速阶段

图 1-27　模型脱钩加速后沿图 1-21 中的 CD 段垂直爬高

3. 滑翔比赛阶段

F3B 比赛要求运动员每轮竞赛使用同一架模型分别完成留空定点（课目 A）、距离（课目 B）和速度（课目 C）三个课目的飞行。模型操纵必须由运动员独立完成。助手可以协助运动员判断地形、气象等比赛环境（见图 1-28）。三个课目都需分组进行比赛，其中课目 A 和课目 B 每组运动员同时进行比赛，课目 C 每组运动员顺次比赛。

图 1-28　助手除了协助运动员放飞模型外，还要回收模型、检查设备，并在比赛中随时提醒运动员注意赛场情况

留空定点课目（课目 A）包括牵引起飞，要求在 12 min 内完成，每个起降需完成留空时间和定点着陆两项。留空时间为 600 s（10 min），从模型脱钩开始计时直到着陆静止结束计时，未满或超过 600 s 者要扣掉相应分数；定点着陆要求模型准确降落在靶心处，按着陆静止时机头到靶心的距离远近获得相应的分数，距离越近、分数越高。要保证留空时间达到 600 s，单纯依靠模型飞机本身的性能很难达到，运动员必须寻找上升气流并操纵模型在上升气流中飞行，而且尽量避免进入下降气流。在上升气流中，运动员可操纵模型保持较小的下沉速度与下滑角，以利于延长留空时间。定点着陆不仅要求模型飞机有良好的操纵性能，而且运动员也要把握好降落时机（见图 1-29）。优秀运动员通常能在 ±2 s 内操纵模型准确定点在距靶心 1 m 的范围内（见图 1-30）。

距离课目（课目 B）包括牵引起飞，要求在 7 min 内完成。模型脱钩后第一次越过 A 基线（假想的垂直平面）朝向 B 基线时开始计时。4 min 内模型在 A、B 基线间完成完整的 150 m 航程的次数越多，成绩就越高。课目 B

极具挑战性，要求模型具有最大的前进速度和尽可能小的下沉速度。优秀运动员通常能灵活运用地形、气象等条件，控制模型的飞行速度和精确的转弯以获得最大的航程数（见图 1-31、图 1-32）。此外，由于同批次选手同时上场，模型在 A、B 基线间狭窄的空域内相互追逐，会产生相互干扰，甚至有可能导致模型碰撞，这就要求选手应具备较强的抗干扰能力，调整好比赛节奏（见图 1-33、图 1-34）。

速度课目（课目 C）包括牵引起飞，要求在 4 min 内完成，模型脱钩后第一次穿越 A 基线朝向 B 基线开始计时，在 A、B 基线间往返飞行 4 次，即两个来回（飞行距离为 4×150 m）。当模型飞越 B 基线折回，再次飞出 A 基线时停止计时。飞行时间精确到 1/100 s，时间越短成绩越高。完成飞行的模型可在安全区以外的任何地方着陆。对课目 C 而言，有效高度和转弯动作是能否取得好成绩的关键（见图 1-35）。由于时间有限，当模型脱钩后，运动员仅有 1 min 的时间寻找上升气流，以使模型飞得更高。模型在进入 A 基线之前要垂直俯冲，损失约 1/3 的高度，

图 1-29 运动员准确操纵模型降落

图 1-30 模型准确"命中"靶心

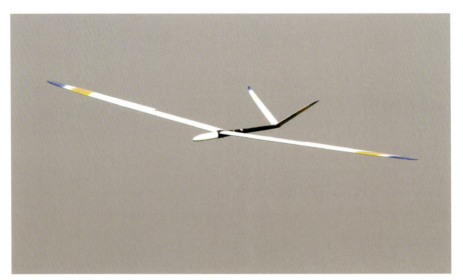

图 1-31　模型高速直线滑翔

图 1-32　模型大坡度转弯穿越基线

图 1-33　两架模型在狭窄的空域相互追逐（既要高速转弯穿越基线，又要避免相互碰撞）

图 1-34　优秀选手必须具备在超低空完成大坡度转弯动作并成功穿越基线的能力

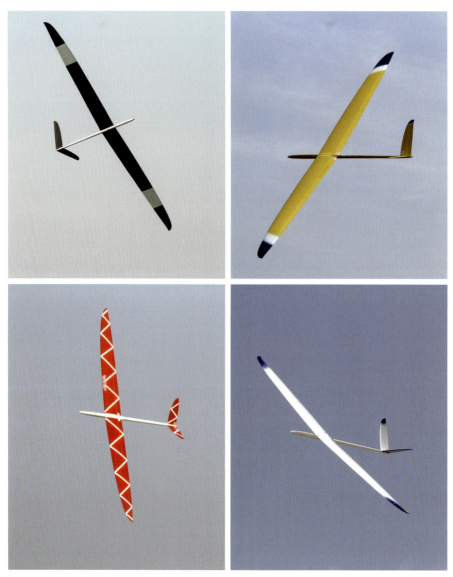

图 1-35　快速优美的转弯动作

将势能转为动能提高速度。模型进入 A 基线时的速度一般可达 180 km/h，在飞行结束时，速度仍可保持 100 km/h。

为节省转弯时间，富有经验的运动员在获得裁判员发出的信号前，就已开始转弯动作。当获得转弯信号后，模型已在高速转弯，而且仅仅越过基线 1~2 m。如果所有转弯流畅平滑，速度损失会很小。在课目 C 比赛时，由于运动员是一个接一个地飞行，因此气流的快速变化成为竞赛中最大的不确定因素，同时也是对运动员经验的考验。优秀运动员的成绩通常能保持在 20 s 以内，历史上最好的成绩是 14.24 s，是由挪威人 Espen Torp 于 1997 年在土耳其举行的世界航空运动会（FAI World Air Games）上创造的。

由此可见，要在 F3B 项目取得好成绩，运动员不仅要有高超的操作水平，能够对各种复杂气象条件（特别是上升气流）准确判断，而且要有性能优异、适应性强的模型滑翔机。优秀的运动员一般都会根据自己的需要设计图纸。

（三）F3B竞赛规则

1. 模型的技术要求

（1）F3B 为固定翼模型滑翔机，自身不能携带动力装置，必须由地面上的运动员通过无线电遥控设备控制模型的起降与飞行。模型可以安装能改变几何形状或机翼面积的活动装置，但这些装置的动作必须由无线电遥控设备进行控制，且改变前后模型必须符合如表 1-1 所列的主要特征。

（2）模型除机腹下的牵引钩和机翼上的舵机连杆、摇臂外，不得有任何减速装置（如螺栓、尖锐突起物等）

表 1-1　F3B 模型滑翔机主要特征参数

最大升力面积（S_t）	150 dm²
最大飞行重量	5 kg
翼载荷	12~75 g/dm²
机头最小半径	7.5 mm（见图 1-36）

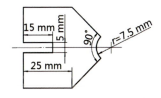

图 1-36　机头直径及牵引钩尺寸测量器

帮助其在地面着陆时减速。牵引钩的宽度不得超过 5 mm，高度不得超过 15 mm。

（3）无线电遥控设备应该能和相隔 20 kHz 的其他设备同时工作而不产生干扰。

（4）禁止使用任何能从模型上传送信息给运动员的通信设备。各课目比赛过程中，禁止使用任何电子通信设备（包括无线电收发机和无绳电话）与比赛场地上的运动员、助手和教练员进行联络。

（5）每名运动员可使用 3 架模型参加比赛。

（6）为使比赛顺利进行，每名运动员必须提交两个无线电设备频率，最小相隔 20 kHz，以便在抽签编组时随机抽取。抽取结果应在每轮比赛开始前 30 min 以书面形式通知本轮参赛队的领队。

2. 运动员与助手

参赛时必须由运动员本人操作无线电遥控设备。包括领队，每名运动员允许有 4 名助手。进行 B、C 课目时，助手禁止在接近 B 基线处给运动员任何回转信号。

3. 飞行定义

每个课目比赛过程中，运动员试飞不限次数。模型经运动员或其助手释放被牵引起飞之时，认定为第一次试飞开始，之后不允许更换模型或其上的任何零部件。

当出现如模型起飞或飞行中相撞、牵引线交叉缠绕、因裁判或记时员错判，以及出现其他运动员无法控制的意外情况时，运动员可以提出进入下一组重新比赛。

重新比赛时，若运动员因上述事故造成模型出现无法修复的情况，可以更换第二套模型参加比赛。

最好的飞行成绩将作为正式比赛的成绩。

若无另行规定，比赛期间出现严重违反规则的行为，运动员将被取消参赛资格。

模型飞机发射及飞行中发生零件脱落、由运动员本人以外的其他人操纵飞行、在课目 A 中撞上其他运动员或助手而未完成定点着陆，将被取消参赛资格。

绞盘车工作时抛出任何部件（不包括牵引线）或转向滑轮未固定好发生松动，也将取消参赛资格。

4. 比赛组织

根据遥控设备频率抽签决定运动员分组，分组原则是使尽可能多的运动员同时比赛；尽量使同队运动员分入不同小组。每轮比赛都应重新分组，保证不同的组合。课目 A 每组最少由 5 名运动员组成，课目 B 最少为 3 名运动员，课目 C 最少为 8 名或全部运动员。不同小组的飞行次序也由抽签决定，每轮都需重新抽签决定次序。

比赛开始前，运动员有 5 min 准备时间。此时运动员方可去电台管理处领取无线电遥控设备，飞行结束后运动员必须立即将其交还电台管理处。

比赛中，凡有未经许可的发射行为者，取消其比赛资格，并将进一步给予处罚。

5. 比赛课目及评分标准

F3B 项目包括三个课目：

课目 A——留空定点；

课目 B——距离；

课目 C——速度。

A、B、C 三个课目组成一轮比赛，F3B 世锦赛中每名运动员至少要进行 5 轮比赛，其他级别的比赛至少进行 2 轮比赛。同一轮比赛必须使用同一架模型完成，且不得更换零部件，仅允许加配重和改变机翼安装角，或通过无线电遥控改变模型的几何形状或面积。

每个课目都由电动绞盘车开始，当然也允许手牵引。绞盘车放置在起飞线上，由 1.1 kW/12 V 的电机、与电机共轴的线轮、电瓶、电缆和开关组成。这些设备总阻抗不得小于 23.0 mΩ，必须具备能自动防止线轮松转的机构。转向滑轮与绞盘车间的最大距离为 200 m，其放置高度不得超过 0.5 m。尼龙牵引线长为 400 m。小阻尼伞的最小面积为 5 dm²，必须系在与模型相连的牵引线的一端。

（1）课目 A——留空定点

（a）包括牵引时间在内，课目 A 比赛时间为 12 min。

（b）在比赛时间内，从模型脱钩飞行到着陆静止，每飞行一整秒给一分；超过 600 s（10 min）每飞行一整秒扣一分；超过 630 s 则没有着陆分。超过竞赛时间（12 min）的飞行不给分（只记竞赛时间内的留空分），即使着陆很精确也不给加分。

（c）着陆定点距离为从静止后模型的机头到靶心的距离（见表 1-2）。着

表 1-2　着陆定点加分表

机头到靶心的距离 /m	加分分值 / 分	机头到靶心的距离 /m	加分分值 / 分
1	100	9	60
2	95	10	55
3	90	11	50
4	85	12	45
5	80	13	40
6	75	14	35
7	70	15	30
8	65	>15	0

陆质量不予评分。

（d）两项得分相加为运动员课目 A 得分 P_1。

（2）课目 B——距离

（a）包括牵引时间在内，课目 B 的比赛时间为 7 min。

（b）当模型第一次越过 A 基线（假想的垂直平面）朝向 B 基线时，开始计时。有效时间为 4 min，模型必须尽可能多地在 A、B 基线之间往返飞行。每当模型机头穿越基线时，会有视听组合设备向运动员发出确认信号。若未收到确认信号，则表示模型未穿越基线平面。基线 A、B 间的距离为 150 m，裁判员只记飞满 150 m 的航程。若模型在 4 min 内着陆，则只记飞满 150 m

的完整航程。若 4 min 的飞行时间或 7 min 的竞赛时间中有一个时间已到而模型仍在空中，则只记在上述时间内已完成的完整航程数。

（c）完成的完整航程数记为运动员课目 B 得分 D_1。

（3）课目 C——速度

（a）包括牵引时间在内，课目 C 的比赛时间为 4 min。

（b）模型脱钩后，1 min 内必须飞入 A 基线朝向 B 基线，即开始计时。模型在基线 A、B 间往返飞行 4×150 m。每当模型机头穿越基线时，会有高音喇叭向运动员发出确认信号。若未收到确认信号，则表示模型未穿越基线。当模型飞越 B 基线折回，再次飞出 A 基线时停止计时。飞行时间精确到 1/100 s。完成飞行的模型可在安全区以外的任何地方着陆。在完成飞行课目前，模型飞越安全线判 0 分。

（c）完成 4 个完整航程所用的时间记为课目 C 得分 T_1。

（4）成绩评定

由于三个课目比赛计分单位不一致，为此需把三个课目的原始得分标准化。以每个课目第一名记为 1 000 分，则各课目得分换算可按下式计算得出：

课目 A 得分 = 1 000 × P_1/P_W

式中：P_1 为各运动员在课目 A 中的得分；P_W 为同组最高得分。

课目 B 得分 = 1 000 × D_1/D_W

式中：D_1 为各运动员在课目 B 中的得分；D_W 为同组最高得分。

课目 C 得分 = 1 000 × T_1/T_W

式中：T_1 为各运动员在课目 C 中的得分；T_W 为同组最高得分。

每名运动员总成绩即为每轮比赛 A、B、C 三个课目得分之和。若仅飞 5 轮，则以运动员 5 轮成绩来决定名次；若飞行超过 5 轮，则减去成绩最低的一轮。当出现同分时，为确定名次须加赛一轮（三个课目）。

（四）F3B 飞行技术

前面就 F3B 模型滑翔机的主要内容与比赛规则等做了比较详细的介绍，想必大家已经跃跃欲试，准备放飞了。下面根据笔者多年的飞行经验谈一谈 F3B 的飞行技术。

1. 认真检查飞行装备

认真检查飞行装备，是成功的基本保证。

（1）起飞前，先检查遥控设备的微调与混控开关等，确保其状态良好；再检查模型的各个舵面是否有偏差并做好调整（见图 1-37）。

（2）对绞盘车进行"体检"（见图 1-38）：检查绞盘车的防倒转机构是否正常；电瓶是否充足电；电缆及脚踏开关是否已连接牢固；反向滑轮是否灵活；牵引线有无损伤；牵引线间有无缠绕等（见图 1-39）。

（3）调整牵引钩的位置以利于牵引。正确的调整应该是模型在出手后立刻仰头爬升，获得起始高度，并将牵引线拉紧（见图 1-40）。一般牵引钩应安装在模型的重心后 5~10 mm 处（见图 1-41）。

图1-37　检查遥控设备与模型状态

图1-38　绞盘车的各部件

图 1-39　检查并调整绞盘车

图 1-40　正确出手后模型立即仰头爬升

图 1-41　机腹下的牵引钩

图 1-42 半圆形轴瓦

图 1-43 轴瓦安装示意图

图 1-44 不同直径的轴瓦

（4）比赛现场风力、风向随时变化，应根据风力的强弱，选用不同线径（Ø1.4 mm 或 Ø1.3 mm）的牵引线。此外，由于国际航联对绞盘车的功率、尺寸等做了严格限制，因此相同直径的线盘，其牵引速度变化范围有限。为适应不同风力与风向条件，选手可临场加装或拆卸轴瓦改变线盘直径，进而改变牵引速度（见图 1-42～图 1-45）。

2. 理论知识与实践经验

学习理论知识，积累实践经验，有助于提高飞行应变能力。

F3B 英 文 名 称 为 Thermal Soaring Model Aircraft，直译即为热气流模型滑翔机。气流因素，特别是热气流对 F3B 影响很大，有必要从理论上学习相关知识。

（1）认识风

白天完全无风的现象很罕见。夏季天气良好时，通常有速度为 3~5 m/s 的风。一般情况下，早晨 8~9 点开始有风，风力逐渐变大；午后 13 点左右风力达到最大；至下午 17~18 点时风又重归平息。完全无风的时段基本在清晨及日落前，此时常伴有露水，可作为判断的依据。

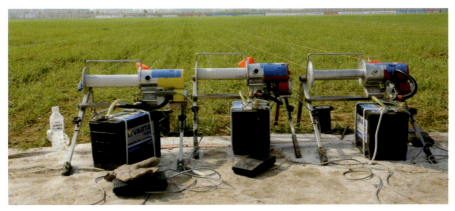

图 1-45　轴瓦安装前后对比

表 1-3 是某高空气象实验室所得的平均数据，可看到风速随着高度的升高显著增加。

通常情况下，风速不超过 4 m/s 时，空气大致是均匀流动的，而且与地面平行。风速较大时，就变为阵风而且方向会经常变化。

微弱的风只能吹走模型飞机，而不致改变其飞行的特性；强风和阵风除了吹走模型飞机之外，还可造成其飞行轨迹摇摆不定。特别是当模型飞机在地面附近飞行时，由于风很不稳定，随时会有被阵风向下掀落的危险。当高度在 15~20 m 以上时，风的不稳定性就几乎没有了。

认识了风的特性，将有利于操控模型爬升冲高，课目 A 低空着陆定点，课目 B、C 各飞行趟数下高度的合理分配。

（2）了解热气流

热气流也称上升气流，它是白天（主要是上午）空气受热形成的。

空气的受热主要来自地表已变热的土壤等产生的辐射。这种辐射主要是红

表 1-3　各种高度的平均风速

高度 /m	0.25	0.5	1	2	16	32	123	258	500
风速 /（m/s）	2.00	2.44	2.84	3.33	4.69	5.40	7.00	8.26	9.25

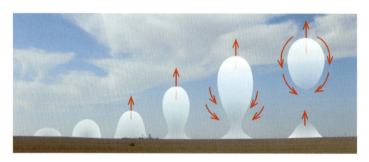

图 1-46　受热的空气形成气团向上升起

图 1-47　上升热气流示意图

外线，其波长较大，不易透过空气。空气吸收了这些辐射就被加热了。经过两三个小时的加热，地面会形成厚厚的一层热空气。这种热空气层很不稳定，一旦它在某处积聚，就开始形成上升气团。在上升过程中，气团会拉长成巨大的水滴状，然后与下面的空气脱离。其形成过程如图 1-46 所示。

地表情况不一致的地方较易形成上升气流。深色地表（如耕地）对阳光的吸收能力强，上升气流经常在其上空生成。当这里的气流向上升起时，四周的空气就会向此处流入，形成持续稳定的上升气流（见图 1-47）。个别气团经常合并成为整个上升气流，并随风移动。善于找出这种气流对模型滑翔机的飞行有重要作用，也是我们需要掌握的主要技能之一。

经过长期飞行实践，综合运用观察、分析和总结，可预测上升气流的位置和范围。除了通过风速、气温、地貌等条件判断上升气流外，还可通过其他方法察知热气流，如：模型在空中的飞行姿态，空中飞鸟、昆虫的动态等。一旦捕捉到热气流，要尽力盘旋，找出它的中心，使模型保持在热气流团中飞行；还要注意热气流的四周即是下降气流。

3. 要想飞得更高，须从起飞做起

高度是 F3B 模型滑翔机飞行的关键，获得理想的初始高度是每位参赛选手的最大愿望。

如何使模型达到理想高度，把有限的能量最大限度地转换为势能（高度）呢？起飞很关键，是成功的一半。起飞各阶段的操作要领如图 1-48 所示，主要过程与图 1-21 相似。

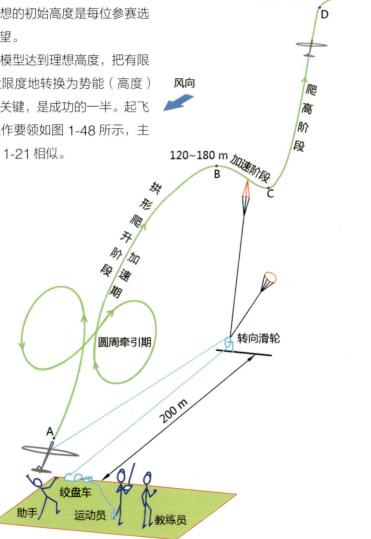

图 1-48 起飞动作分解示意图

（1）A点：出手姿态

　　每个人习惯不同，以模型在出手时保持正确起飞姿态为准进行调整（见图1-49、图1-50）。观察上升气流方向，使模型正向迎风，以利于模型起飞。待牵引线绷紧积蓄能量后，用力掷出。牵引线的张力要适度，太紧会减小线长，使模型的前冲速度太大；太松又会造成模型上升初始速度太低，升力不足，还可能偏航。模型出手时，应拉杆（升降舵操纵杆）、放下襟翼（通襟翼）增升（见图1-51），以使模型迅速仰头（见图1-52）。

图1-49　双手举起模型的出手姿态

图1-50　单手握持模型的出手姿态

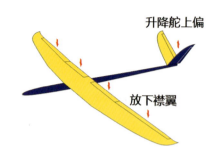

升降舵上偏

放下襟翼

图 1-51　模型出手时各舵面动作

（2）AB 段：拱形爬升阶段

爬升初期，需继续收线，适当加大拉杆和襟翼下放量，以保持牵引线的张力。

中期，可通过升降舵和襟翼操控模型作圆周牵引（只有牵引钩后置才能完成，可参考图 1-48），此时不用收线。待出现上升气流、强风、正风等时机再

图 1-52　模型出手时迅速仰头

收，可获得更高的高度。

后期，缓慢减少襟翼下放量，同时快速收线，使模型增速，并保持牵引线的张力达到最大。模型在 B 点将获得较大的速度，牵引线弹性势能达到最大。

（3）BC 段：加速脱钩阶段

模型越过 B 点时，使机翼弯度回至正常值并快速推杆，以释放牵引线的张力（弹性势能）。到达 C 点时，牵引线中蓄积的能量将全部提供给模型用以加速，使其获得最大脱钩速度。此时迅速拉杆脱钩，使模型保持最小阻力的姿态冲高上升。

（4）CD 段：爬高阶段

模型爬升至 D 点时，其动能完全转化为势能。然后推杆使模型进入平飞滑翔状态。

4. 提高飞行成绩的技巧

作为多课目竞技的比赛项目，要取得好成绩，就必须飞好每个课目。捕捉热气流和获取最大飞行高度是飞好每个课目的前提，但下面几项工作也不能忽视：

（1）遥控器的设定

通过遥控器的合理设定改变机翼弯度，有利于模型在课目 A 中提高盘热气流的能力及在课目 B、C 中提高飞行速度。因机型、翼型差异，机翼弯度的设定值有所不同，一般在 -3~2 mm 之间（见图 1-53）。如飞行中需要的弯度量不够或偏大，可通过操纵襟翼进行补偿。

设置各舵面混控模式，以提高模型操控的灵活性和机动性。常用的设置有：副翼差动、襟副翼与方向舵联动、升降舵与襟副翼联动及刹车降落模式（襟翼、副翼与升降舵混控，见图 1-54）。舵量可根据个人操控手法进行调整。

（2）改变翼载荷（配重）

给模型配重应根据飞行时的气象条件、热气流状况及飞行课目进行。一般而言，课目 B 的配重依据取决于预期要飞行的趟数、飞行条件等；课目 C 则以基本不损失牵引高度为前提，尽量多配；若气流好或风较大，课目 A 也可加配重（见图 1-55~ 图 1-57）。

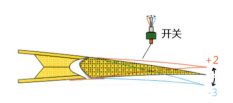

图 1-53　机翼弯度应根据实际情况设定

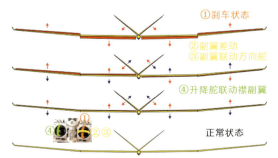

①刹车状态

②副翼差动
③副翼联动方向舵

④升降舵联动襟副翼

正常状态

图 1-54　几种常用的混控模式

图 1-55　两种不同材料的配重块

图 1-56　安装在机身上的配重块

图 1-57　选手正在为模型配重

（3）飞行训练

要提高飞行成绩，平时的刻苦训练必不可少。通过大量的练习，可以找出模型起飞的规律，掌握各课目的飞行模式，设定好各舵面间的混控舵量，记录各种飞行条件下的配重等（见图 1-58、图 1-59）。熟练的操控技术可以弥补模型性能与设备功能的不足。各课目训练要点如下：

（a）课目 A（见图 1-60）

为了达到 10 min 留空时间并准确定点着陆，应多练习 1 或 2 min 限高飞行。熟练掌握在各种状态条件下低空热气流的利用技术及强风下稳定模型的操控技术，把握模型降落进场的时机、着陆航线与应用刹车准确着陆的技术（见图 1-61、图 1-62）。

图 1-58 **设置混控**

图 1-59 **外场调试**

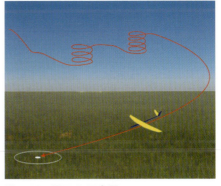

图 1-60 **课目 A 示意图**

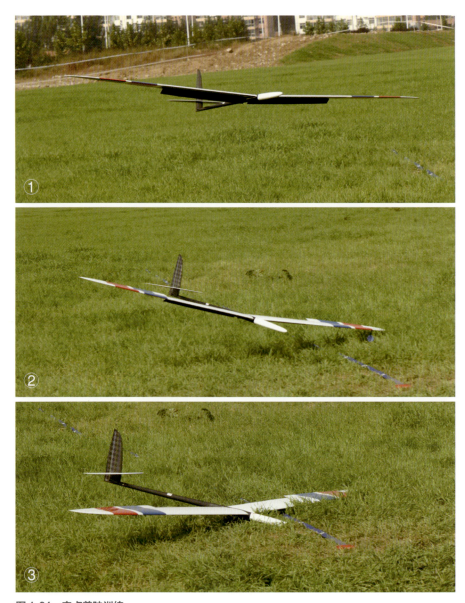

图 1-61　定点着陆训练

图 1-62 落地瞬间动作要稳、准、狠。为了准确命中靶心,图中的模型在落地瞬间迅速低头,击起大量尘土

（b）课目 B 和课目 C（见图 1-63、图 1-64）

按照比赛的实战要求进行练习。熟练掌握各种条件下热气流的利用技术、快速精准的转弯技术、合理分配飞行高度及灵活准确地装载配重等技术。两课目都要求模型在接近 A、B 基线时有"预压"。即在模型快接近假想面 A、B 时就加入转弯程序，当其越过假想面 A、B 时，能以最短的越过距离做最快的转弯（见图 1-65）。通常，选手站在 A 基线处，很容易观察模型是否穿越了 A 基线（见图 1-66）。但 B 基线位于远处，无法直观确认模型是否成功穿越 B 基线，只能依靠平时在训练中积累的经验

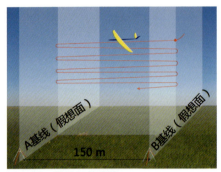

图 1-63　课目 B 示意图

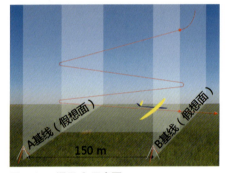

图 1-64　课目 C 示意图

图 1-65　在模型接近但还未穿越基线时，就应提前控制模型转弯

图 1-66 模型成功穿越 A 基线

进行判断（见图 1-67）。如果转弯过早，模型有可能还未穿越 B 基线就折返（穿越失败，模型需返回从 A 基线重新开始）；而若转弯过晚，又有可能越过 B 基线距离过长，影响成绩（见图 1-68）。在课目 C 练习中，还需注意模型第一次俯冲进入 A 基线的轨迹，确保各转弯流畅顺滑，避免因操纵失误使模型无谓减速。基线内的飞行航迹要保持正、直，多余的动作会损失时间与速度。

（4）复飞与降落

复飞也是飞行训练的一个重要课目。比赛期间，可能遇到断线、气流不好、配重不合适、操纵失误等意外情况，为保证比赛顺利进行，就需要快速复飞，甚至多次复飞。

因课目 A 有定时定点降落的要求，因此加强"一杆到地"的练习尤为重要，即无论模型处在什么高度，都用刹车方式直接降落（见图 1-69）。

图 1-67　模型穿越 B 基线全过程

② ①

图1-68　模型转弯过早，穿越失败

图1-69　刹车降落手接模型

（5）统计分析

专业运动员除直接在外场飞行训练外，还使用专用的数据图表分析软件进行辅助训练。

软件对大量训练数据结果进行分析，自动生成各类图表，能以更科学的方法指导训练与比赛（见图 1-70~图 1-73）。

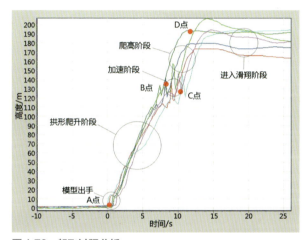

图 1-70　起飞过程分析

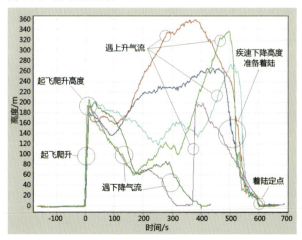

图 1-71　课目 A 留空飞行过程分析

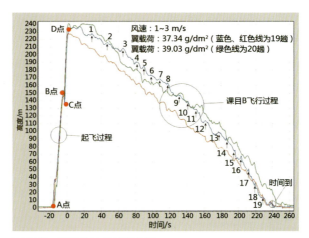

图 1-72　课目 B 飞行过程分析

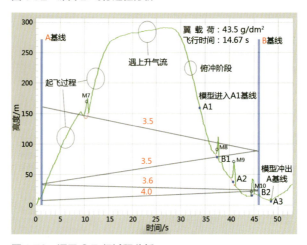

图 1-73　课目 C 飞行过程分析

F3B 相关项目简介

F3F

F3H

F3Q

F3K

F3J

　　第一部分已详细介绍了 F3B 项目的主要内容。接下来将对 F3B 相关的几个项目——F3J、F3F、F3H、F3Q 及 F3K 做一简介。它们都是从 F3B 分化出来的遥控模型滑翔机项目，均以 F3B 规则为基础，只是在起飞方式、竞赛内容与项目设置、比赛环境等方面有所区别。经过多年发展，这些项目已形成了自己独特的风格，其中一些项目趣味性强，深受模型爱好者喜爱。

（一）F3J遥控手牵引模型滑翔机

翻开 FAI 有关 F3B 项目规则的文件，经常能看到 F3B/J 这个项目名称，由此可见两个项目的关系。F3B 模型可由电动绞盘车牵引升空，也允许手动牵引。F3J 即是由此衍生出的一个独立的项目，即遥控手牵引模型滑翔机（见图 2-1~ 图 2-3）。根据比赛规则，F3J 项目只能由人通过手持滑轮牵引模型滑翔机升空，而且仅允许两名助手进行牵引。因为只能由人力牵引，所以 F3J 项目特别能培养运动员间密切协作、默契配合的团队精神。F3B 与 F3J 模型的制作工艺基本相同，但 F3J 模型因牵引速度较低，所以机体与翼面受到的空气动力较小，对强度的要求较低。这样其展弦比、翼型弯度可选得更大，较低速度飞行时的滑翔性能会更好（见图 2-4）。

F3J 项目的英文名称为 Radio Control Thermal Duration Gliders，直译为无线电遥控热气流留空时间模型滑翔机。该项目竞赛内容为留空时间这一单一课目。规则确定的比

图 2-1　手动牵引装备

图 2-2　需两名助手协作配合完成牵引任务

图 2-3　大展弦比的 F3J 模型滑翔机

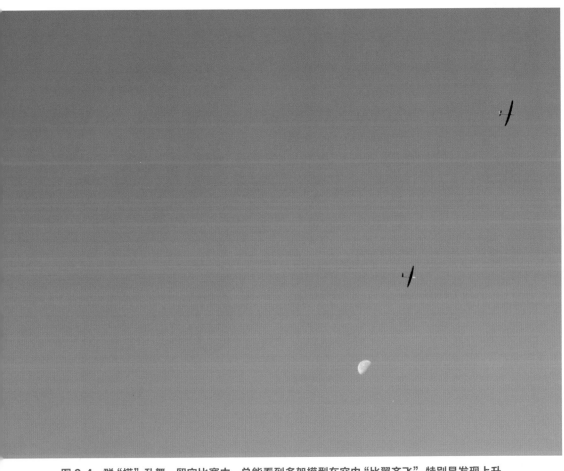

图 2-4　群"模"乱舞。留空比赛中，总能看到多架模型在空中"比翼齐飞"。特别是发现上升气流后，模型常常会"聚"在一起，抢占有利位置

赛内容类似 F3B 的课目 A，每轮比赛要完成留空时间与定点着陆（见图 2-5）两项，得分总和为该轮总成绩。

图 2-6 为 F3J 项目标准赛场布局示意图。绿色区域为宽 6 m 的长方形起飞区。选手们沿起飞区一字排开（见图 2-7）。相临两号位相距 15 m。每个号位顺风方向（下风向）30 m 处设置一个模型着陆靶心。牵引线末端的钢钎固定于距号位 150 m 的逆风方向（上风向）。安全区位于赛场一侧。

比赛分预赛和决赛两个阶段。预赛采取 F3B 的分组方法，每轮按遥控器频率（最大不同频人数）进行分组，每组最少 6 人，最好 8~10 人；决赛则至少保证预赛成绩最高的 9 名选手被安排在同一组。

预赛每轮比赛时间为 10 min，5 min 的准备时间内模型必须在起飞区迎风起飞。若在起飞区外起飞，则记 0 分。比赛时间到后，空中飞行的模型必须马上定点着陆。如果飞行时间超过比赛时间，在 1 min 以内，扣 30 分；超过 1 min，记 0 分。定点着陆评分方法同 F3B。超过比赛时间降落，定点着陆无成绩。

图 2-5 定点着陆

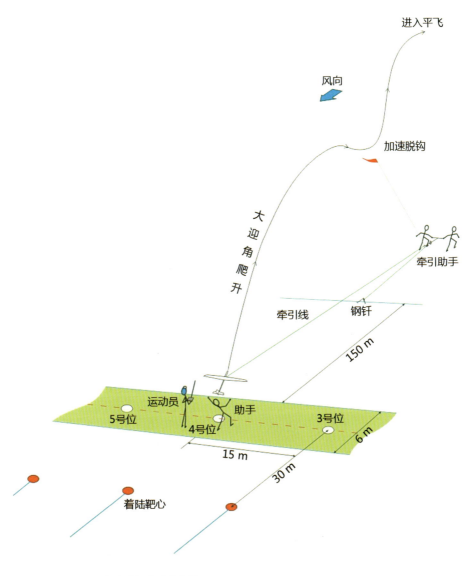

图 2-6 F3J 项目标准赛场布局示意图

如果模型降落在安全区或在观众区上空 3 m 以下飞行，则扣 100 分。

最后，总成绩以轮为单位换算为正式得分（标准分）：每轮最高成绩记为最高正式得分 1 000 分。其他选手的成绩按以下公式换算：

$$D_x = T_x \times 1\,000/T_m$$

式中，T_m 为每轮最高成绩；T_x 为该选手的成绩；D_x 为该选手的正式得分。

若预赛少于五轮，则按各轮平均成绩排名；若超过五轮，减去成绩最低的一轮取平均进行排名。

图 2-7 选手按号位一字排开

（二）F3F遥控山坡竞速模型滑翔机

F3F 是 F3B 衍生出的另一特色项目，英文名称为 Radio Control Slope Soaring，即无线电遥控山坡竞速模型滑翔机。顾名思义，F3F 项目一般在山坡、海岸等有一定高度差的地方开展比赛（见图 2-8）。一般的模型滑翔机项目，模型大都在高空盘旋飞行，需要一直仰头观察；而 F3F 项目因其特殊的场地条件，选手所处的位置相对较高，模型的飞行高度往往与选手非常接近，有时甚至会从其"脚下"飞过（见图 2-9）。F3F 模型由手掷起飞，由于人站在高处，因此对手掷的技术要求不高。模型出手后位置较高，很快就进入滑翔飞行阶段；降落情况类似其他模型滑翔机（见图 2-10、图 2-11）。

F3F 的比赛内容类似于 F3B 的课目 C。模型要在尽可能短的时间内，连

图 2-8 这处风景优美的海岸是 F3F 模型滑翔机非常理想的场地

图 2-9 站在高处的操纵手常常有机会 "俯视" 模型

图 2-10 手掷起飞

续穿越相距 100 m 的 A、B 两标杆，飞行 1 000 m，即 5 个往返。飞行航道设置于斜坡的边缘，两端设置标杆 A 与 B, 其上用旗子做标记，保证清楚可见（见图 2-12、图 2-13）。当模型飞出航道时，在标杆 A 及标杆 B 有裁判员用音响信号提示（以模型重心位置为准），如果漏标则必须就地返回直至通过标杆。当模型首次通过标杆 A 飞

往标杆 B 时，裁判员用音响提示并开始计时。随着技术的进步，目前 A、B 两个标杆上已经安装了"电子计数计时器"，模型重心位置附近也装有相应的电子感应器。当模型每次通过标杆所在的假想平面（垂直于场地斜坡，见图 2-14）时，计数器都会自动感应并发出响声。

比赛进行中，如果出现风速持续

图 2-11 模型在群山中飞翔

图 2-12 用于设定飞行边界的标杆

图 2-13 模型穿过标杆后迅速转弯折返

小于 3 m/s 或大于 25 m/s 的情况，则该轮比赛暂时中断；若风向持续与垂直于飞行航线的偏离角超过 45°，也需中断该轮比赛。若中断超过 30 min，则取消该轮比赛。F3F 项目比赛最少进行 4 轮，最多 10 轮。减去成绩最低的一轮后，以运动员得分的总和决定名次。如成绩相同，则进行附加赛直至决出胜负。

表面看来，F3F 项目与其他模型滑翔机项目仅在比赛场地上有所不同。

但实际上，就是这一小区别使 F3F 难度提高了很多。由于斜坡上地形突变，会对附近的气流产生很大的干扰，因此要飞好 F3F，就需要在掌握基本的滑翔机气流知识和飞行技术的基础上，了解山坡滑翔的动力学原理以及动态滑翔原理。

如图 2-15 所示，风从小山左侧过来，遇小山后改变方向，沿山坡向上运动。这种受小山的迎风面挤压而上的空气流，可使模型滑翔机获得正常的滑翔

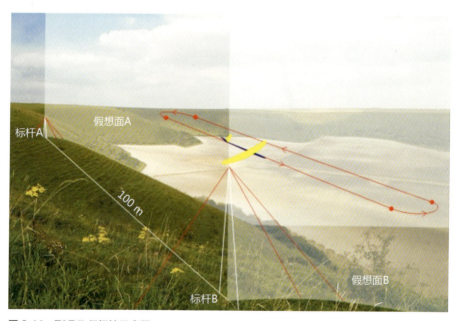

图 2-14　F3F 飞行场地示意图

上升力。在小山右侧背风面、空气相对静止的区域为滞留空气层。当高速运动的空气流过小山顶端时，将形成快速移动空气层。这两种速度不同的空气层相遇时，会形成一个分离边界层。正是因为这两层空气流动的差异，才使动态滑翔变成现实。

所谓动态滑翔，就是利用相邻的、不同速度的空气层使模型滑翔机的空速增加。若要做到这点，就必须利用好这两种不同速度的空气层。

参考图 2-15，有一模型沿着图中红色环线所示路径飞行。在边界层上面快速移动的空气层中，模型在环线上沿顺风飞向小山的背面，此时模型除了获得相对空气的速度（空速）之外，还会获得相对地面的水平速度（地速）；之后它俯冲进入滞留空气区域内且继续折返飞回小山，因为这一空气层气流相对静止、速度很小，所以模型的速度会略有损失，但飞行高度增加；当模型返回山顶附近时，将穿越滞留空气层，再次进入快速移动的空气层转弯并借顺风增速，再次快速远离小山朝其背面飞去

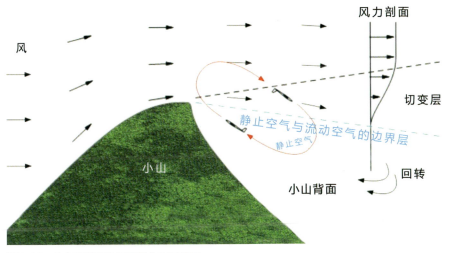

图 2-15　小山坡背面的气流层分布示意图

（见图 2-16）。模型以这种环形路径往复飞行，速度会逐渐递增，经验丰富的选手可操控模型达到相当高的速度。这就是动态滑翔的过程和基本原理。

当然，要掌握好上述飞行过程并非易事，若模型返回小山坡的路径在分离边界层之上，则会因遇到很强的逆风而减速，将不可能再飞回小山坡。

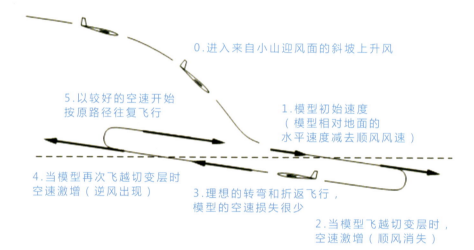

0.进入来自小山迎风面的斜坡上升风

5.以较好的空速开始按原路径往复飞行

1.模型初始速度（模型相对地面的水平速度减去顺风风速）

4.当模型再次飞越切变层时空速激增（逆风出现）

3.理想的转弯和折返飞行，模型的空速损失很少

2.当模型飞越切变层时，空速激增（顺风消失）

图 2-16 动态滑翔原理（理想状态的窄航道和非常薄的切变层）

（三）F3H遥控越野竞速模型滑翔机

F3H 是 F3B 系列中唯一的集体比赛项目，英文名称为 Radio Controlled Soaring Cross Country Racing，即无线电遥控越野竞速模型滑翔机（见图 2-17）。名称中之所以带"越野"（Cross Country）两字，是因为该项目具有以下两个显著特点：

（1）赛场大、赛程长。F3B 系列的其他项目，无论采用何种发射方式或比赛场地，其比赛区域都很有限，模型一个轮次的飞行时间或飞行距离都不长。但 F3H 比赛的场地巨大，飞行距离远，比赛耗时长。根据规则，F3H 项目的世界杯比赛，飞行距离不得小于 20 km，世锦赛则至少应安排 3 天正式比赛。因此，选手们乘车比赛成为赛场上一道独特的风景（见图 2-18）。

（2）允许助手操纵模型。之前介绍

图 2-17　飞行中的 F3H 模型

图 2-18　驾车跟随并操纵模型飞行是 F3H 项目最与众不同之处

的 F3B 系列其他项目中都严格禁止助手操纵模型，他们只能协助选手比赛，做一些辅助性工作。但 F3H 项目不同，由于每轮飞行距离和时间都很长，选手若仅靠一己之力，基本不可能完成比赛，因此必须与助手进行接力。F3H 是一个典型的集体比赛项目，需要参赛选手及其助手密切配合。

下面简单介绍 F3H 比赛的一些情况。

作为集体项目，F3H 以"队"为单位进行比赛。对于洲际以上的大赛，每个 FAI 会员国（或会员地区）可选派两支队伍参赛，每队由 1 名运动员和至多 2 名助手组成。每队模型数量不限，但必须使用预先指定的同一频率，以免各队之间发生干扰。

模型的尺寸与重量只要符合 F3B 模型规定即可，但对地面追踪设备的种类与数量、控制面与机载传感器等辅助装备均无限制。模型可进行配重，但除水配重外，其他配重必须安装在机体内，且不能与机身分离。模型采用与 F3B 类似的电动绞盘车牵引发射，多支队伍可合用一台绞盘车（见图 2-19）。但为防止干扰，模型释放后应立即回收牵引线，否则会受到处罚（比赛最终用时加

5 min）。

F3H 项目为单任务比赛，要求各队使用一架模型完成指定航程（中途不得停止或二次起飞），速度最快、历时最短者获胜；若各队均未完成指定航程，则飞行距离最远者胜出；若飞行距离相等，则耗时最短者胜出。

依据赛场情况，比赛航线可选择图 2-20 所示的几种：

• A 点到 B 点（距离）；

• A 点到 B 点到 C 点（多段距离）；

• A 点飞过 B 点后再返回 A 点（折返距离）；

• 三角形、矩形等封闭路径；

• 自由路径。

图 2-19　模型发射起飞方式类似 F3B，均由电动绞盘车牵引升空

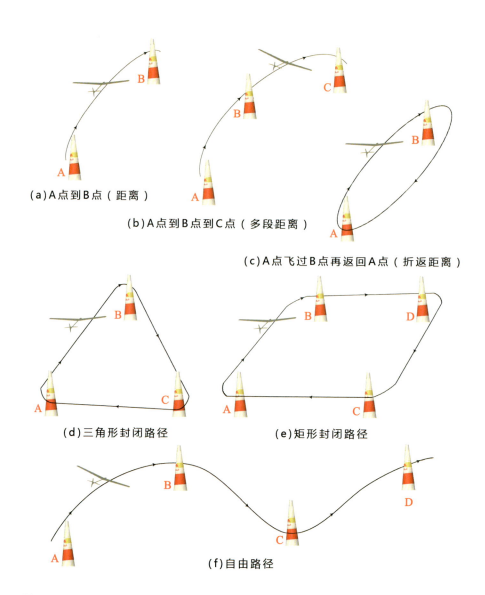

(a)A点到B点（距离）

(b)A点到B点到C点（多段距离）

(c)A点飞过B点再返回A点（折返距离）

(d)三角形封闭路径

(e)矩形封闭路径

(f)自由路径

图2-20　所示为几种比赛航线示意图

比赛当天，组织者根据当时的风力、风向及天气情况安排比赛航线与距离，并提前公布。若进行多天比赛，则每天必须安排不同的比赛内容。对于有转向点的比赛航线（见图 2-20（b）、（c）、（d）、（e）），应安排测量设备与观察员。比赛以模型由起始线飞入比赛航线开始计时，穿越起始线时需通知裁判，到达终点或选手宣布模型飞丢或落地，则停止计时。比赛中可多次试飞，以最好成绩为当天最终成绩。此外，组织者需在赛前一个月为各队提供赛场的地形图，以便参赛选手熟悉场地。

（四）F3Q遥控空中拖曳模型滑翔机

F3Q 项目英文名称为 Radio Controlled Aero-tow Gliders，即无线电遥控空中拖曳模型滑翔机。该项目与 F3B 的最大区别是起飞方式不同：模型滑翔机由绞盘车牵引改为由一架带动力的拖曳模型飞机牵引升空。拖曳模型及其操纵手通常由比赛的组织者提供。模型滑翔机通过牵引线与拖曳模型连接（见图 2-21）。在被拖曳模型牵引升空（见图 2-22）并达到一定高度后，模型滑翔机由选手操纵脱钩，与拖曳模型分离进入无动力遥控滑翔阶段（见图 2-23）。由于模型要从地面滑跑起飞，为尽量减少地面附近的乱气流影响，比赛场地应避开斜坡与起伏地形，选择平坦开阔的地域（见图 2-24）。

与 F3B 模型滑翔机类似，F3Q 模型无动力，依靠无线电遥控操纵飞行。根据规则，其最大重量为 5 kg，最大翼载荷 75 g/dm^2（每轮比赛中，速度与留空时间两课目中翼载荷必须相同）。

但 F3Q 模型与 F3B 也有显著的不同。其翼展不得小于 3.5 m，外形必须像真，且装配透明座舱罩（见图 2-25~图 2-27）。

机身最大横截面（不含整流片）的宽度与高度至少为翼展的 3.2%~4%（例如，翼展 L = 400 cm 的模型，机身最大横截面宽度与高度至少应为 L×3.2%=12.8 cm，见图 2-28）。

图 2-21 选手正将牵引线接到模型头部的挂钩上

图 2-22   模型滑翔机被牵引升空

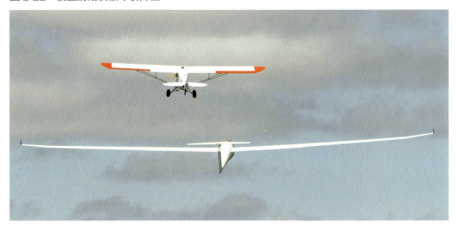

图 2-23   滑翔模型机即将脱钩

图 2-24 两位选手抬着模型，身后是宽阔的赛场

图 2-25 远远超过 3.5m 翼展的模型

图 2-26　以古典滑翔机为原型的 F3Q 模型正在进行地面测试

图 2-27　透明的座舱盖

图 2-28　宽大的机身

图 2-29　模型必须从地面起飞

F3Q 模型滑翔机必须从地面起飞，不得借助推车（见图 2-29、图 2-30）。为便于起飞，模型需安装直径至少为 4 cm 的机轮，且其与机身最小距离应达到 1 cm（见图 2-31）。为方便拖曳，模型机头处还要装一个简单的尼龙挂钩，长度不得超出机头 10 cm。拖曳线长为 25 m，末端结环或制成弯钩，线上应系红色警示旗（见图 2-32）。

图 2-30　起飞不能借助推车

此外，拖曳模型飞机还应符合以下要求：最大重量不超过 12 kg，发动机气缸最大容积为 50 cc（见图 2-33）。

F3Q 的比赛内容包括速度与留空定点两个课目。比赛采取多轮制，每轮必须完成上述两个课目。每个课目比赛前后，都要对模型进行称重（见图 2-34）。每位选手可使用两架模型，除非模型在空中相撞，每轮比赛只能由同一架模型完成，且不得进行任何更改（若飞行中掉落零件，要扣 200 分）。每位选手可以有一名助手帮助其完成起飞与飞行，但模型只能由选手自己操纵。模型脱钩时距地面高度不得超过 200 m，且从拖曳起飞到脱钩时间不得超过 90 s，否则将强制脱钩。拖曳模

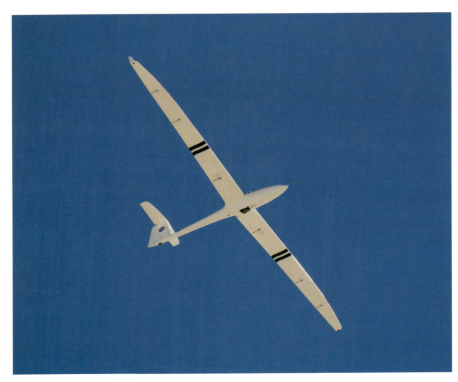

图 2-31　机身下侧伸出的机轮

图 2-32 机头处的弯钩

图 2-33 为了顺利牵引模型滑翔机升空，拖曳模型飞机一般选择大排量固定翼遥控模型

型上装有高度计，当其距地面 200 m 高时，会自动关小油门到怠速，使模型停止爬升。一旦达到脱钩高度，拖曳模型操纵手会发令要求选手脱钩。选手须在 3 s 内完成脱钩，否则取消当次飞行资格。

速度课目要求选手操纵模型在相距 250 m 的航线上完成 1 000 m 距离的往返飞行。赛场布局与比赛规则类似 F3B 的课目 C。航线两端分设 A、B 两个基线，起始基线由测量设备确定，另一端基线则由指示旗确定（见图 2-35）。选手按抽签顺序依次比赛。一旦宣布开始比赛，每位选手有 2 min 准备时间，超时则取消当次飞行资格。升空后，模型必须在脱钩后 2 min 内进入起始基线开始比赛，每

次折返以机头穿过基线为准。裁判会以音响或光学设备提醒选手。为保证安全，在垂直于 A、B 基线处划定安全线，模型飞行区与现场人员分处安全线两侧。若模型飞越安全线，则取消其本轮比赛成绩。成绩以飞完全程的秒数（精确到 0.1 s）计算并换算为千分制。

留空定点课目要求模型在 8 min（480 s）最大测定时间内保持最大留空时间并完成定点着陆。选手依抽签分组进行比赛。每组分配的选手要尽量少，一般 3~4 人。4 人组的模型起飞时间为 10 min；3 人组为 7.5 min。着陆区为 20 m×40 m 的矩形区域，落点以机头正下方位置为准。留空时间以模型脱钩开始计时，直至模型静止或在视

图 2-34　比赛前后的例行称重

图 2-35　裁判手持指示旗

线中消失。每飞满 1 s 即获得 1 点；满分为 480 点（8 min）；超过 480 s 后，每超 1 s 则扣 1 点（见图 2-36）。定点着陆在矩形着陆区中可得 20 分，但若出现着陆方向与规定方向不一致、撞到选手或助手、机腹朝上等情况，则无着陆分。此外，若模型着陆点距矩形着陆区中心超过 100 m，则扣 200 分；为保证现场人员的安全，模型若在比赛组织者规定的安全区低空飞行，则取消其本轮成绩。成绩换算为千分制。

每轮比赛成绩取上述两课目成绩之和，最终比赛成绩则取各轮成绩之和。若比赛超过 3 轮，则舍去最低 1 轮的成绩；若超过 5 轮，则舍去最低 2 轮的成绩；超过 9 轮，则舍去最低 3 轮的成绩。若前 3 名成绩相同，则加赛 1 轮决定最终成绩。

图 2-36　两名计时员正全神贯注紧盯模型

（五）F3K遥控手掷模型滑翔机

F3K 英文名称为 Radio Control Hand Launch Gliders，即无线电遥控手掷模型滑翔机（见图 2-37）。F3K 遥控手掷模型滑翔机的起飞方式非常简单，也很特别，操纵手一人就能完成，无需助手。操纵手一手持遥控器，另一手手指勾住模型机翼翼尖上的手柄销（见图 2-38）。放飞时，旋转身体的同时向前奔跑，展开手臂带动模型加速，待达到一定速度并协调好出手角度后，用力将模型抛掷升空，使模型迅速爬升（见图 2-39、图 2-40）。这一过程类似田径比赛中掷铁饼的动作，因此 F3K 模型也被俗称为 DLG（Discus Launch Glider）模型滑翔机。

比赛规则要求手柄销必须由硬质材料制成，且与模型成一整体，长度不得超过半个翼展，且不可展开或回收。模型起飞前后，手柄销与模型分离的结构则不能使用。

F3K 项目是一项多任务的比赛。每位选手可带一名助手，允许使用 5 架

图 2-37　漂亮的 F3K 模型滑翔机

图 2-38 模型翼尖处有手柄销，运动员就是握住它抛甩放飞模型的

图 2-39 启动时，在旋转身体的同时要向前奔跑

图 2-40　动作要顺畅舒展，手臂要尽力张开

图 2-41　赛场上经常会有多架模型同时升空

模型滑翔机参赛，且模型之间可更换通用部件（见图 2-41）。每位选手拥有 900 m²（30 m×30 m）以上的起降区，飞行时选手可离开起降区，但起飞、着陆和捕获模型阶段，选手都必须在此区域内，否则飞行成绩为 0 分。为保证比赛顺利进行，比赛对场地风速有一定限制（见图 2-42）。如果风速超过 9 m/s 的时间持续 1 min 以上（以起降区内 2 m 高的测速计为准），则要中断或推迟比赛。

图 2-42　选手放飞模型前观察风力风向，确定最佳发射时机与方向

1. 比赛课目简介

F3K 项目除了起飞方式简单外，最具魅力的就是其丰富多样的比赛课目。这些课目与 F3B 项目三个课目的分类方法有所不同，飞行内容与 F3B 项目的课目 A（留空时间）类似，但具体的组织方式与成绩选取更具趣味性。

设置这些不同的课目使原本较为简单的遥控手掷模型滑翔机比赛变得复杂多样，不仅能体现选手的实际水平，更能突出其临场应变能力。

根据比赛规则，每个课目至少进行 5 轮比赛，各课目内容如下：

课目 A：最后的一次飞行（Last flight）

每轮比赛时间：最短 7 min、最长 10 min。在比赛时间内，每位选手的飞行次数不限，但只有最后一次飞行被计入最终成绩。在起落区内的任何一次飞行的成绩，都将取代前一轮飞行成绩。最大测定时间为 300 s（飞满则记满分，下同）。

课目 B：最后的两次飞行（Next to last and last flight）

在比赛时间内，每位选手飞行次数不限，但只记最后两次的飞行成绩。每轮比赛时间为 10 min，每次最大测定时间为 240 s；若选手太多，比赛时间可改为 7 min，最大测定时间为 180 s。

例如：一位选手一轮的飞行成绩如下。

第 1 次飞行 /s	第 2 次飞行 /s	第 3 次飞行 /s	第 4 次飞行 /s	本轮成绩 / 分
65	45	55	85	55+85=140

课目 C：连续起飞降落（All up, last down）

当裁判员发出开始指令后，同组的所有选手必须在 3 s 内放飞模型，超出 3 s 则记 0 分（见图 2-43）。最大测定时间为 180 s，而后 30 s 内必须降落在起降区。每位选手飞行 3~5 次（由赛事组织者在赛前决定），两次飞行间的准备时间为 60 s（从模型着陆之后开始计时，超过最大的测定时间 30 s 后仍未着陆，按 30 s 时开始计时）。在准备时间内，选手可以更换、修理、找回模型。每位选手各次飞行时间之和，换算为千分制标准分作为最终成绩。该课目不规定比赛时间。

例如：3 名选手一轮（3 次飞行）的飞行成绩如下。

选　手	第 1 次飞行 /s	第 2 次飞行 /s	第 3 次飞行 /s	本轮成绩 /s	最终成绩 / 分
选手 A	45	50	35	45+50+35=130	812.50
选手 B	50	50	60	50+50+60=160	1 000
选手 C	30	80	40	30+80+40=150	937.50

图 2-43　几位选手争相放飞模型

课目 D：时间以 15 s 递增
（Increasing time by 15 seconds）

每轮比赛时间为 10 min。在比赛时间内，每名选手飞行次数不限。首次飞行成绩必须超过 30 s，之后每次飞行增加 15 s。因此每次的飞行时间应大于或等于：30 s、45 s、60 s、75 s、90 s、105 s、120 s，最大测定时间为 120 s。所有飞行时间都计入成绩。

例如：1 名选手在某一轮比赛中，

第 1 次飞了 32 s，超过 30 s，飞行成绩为 30 分。

第 2 次飞了 38 s，未达到 45 s，飞行成绩为 0 分。

第 3 次飞了 42 s，未达到 45 s，飞行成绩为 0 分。

第 4 次飞了 47 s，超过 45 s，飞行成绩为 45 分。前几次飞行成绩为 30 分 +45 分。

第 5 次飞了 81 s，超过 60 s，计 60 分。

下一次的飞行时间应为 75 s，但是比赛时间只剩 65 s，因此第 6 次飞行无法完成。

该选手本轮的飞行总分为 30+45+60 =135（分）。

课目 E：纸牌游戏——不同任务时间
（Poker—variable target time）

每轮比赛时间为 10 min。飞行次数不限，首次起飞前，每位选手须告知计时裁判员一个任务时间。当达到或超过该任务时间后，任务时间有效，选手可以宣布下一个任务时间，下一任务时间可低于、等于或高于前一个任务时间；若飞行未达到此任务时间，则不能改变该任务时间，直到比赛时间结束。此外，当比赛时间快结束时，选手宣布的最终任务时间不能为"从现在到比赛结束时"，必须是确切时间（用 min 或 s 表示）。每位选手可重复 5 次宣布任务时间，最后将 5 次已完成的任务时间相加计算成绩。

例如：一位选手在某一轮比赛的成绩如下。

宣布任务时间 /s	飞行时间 /s	评分时间 /s
45	第 1 次飞行 46	45
50	第 1 次飞行 48	0
	第 2 次飞行 52	50
47	第 1 次飞行 49	47
60	第 1 次飞行 57	0
	第 2 次飞行 63	60
60	第 1 次飞行 65	60
总时间 /s	45+50+47+60+60=262	

课目 F：6 选 3（3 out of 6）

每轮比赛时间为 10 min。在比赛时间内，选手可起飞 6 次，每次最大测定时间为 180 s，取 3 次最长的飞行时间相加作为最后成绩。

课目 G：最长的 5 次飞行（Five longest flights）

　　每轮比赛时间为 10 min。在比赛时间内，选手起飞次数不限，每次最大测定时间为 120 s，取 5 次最长的飞行时间相加作为最后成绩。

课目 H：飞行 1、2、3、4 min，任意顺序

（One, two, three and four minute flights, any order）

　　每轮比赛时间为 10 min。在比赛时间内，选手起飞次数不限，但必须完成 4 次规定飞行，最大测定时间为 60 s、120 s、180 s 和 240 s。每次飞行超出规定飞行时间的部分不计入成绩。

　　例如：一名选手在某一轮比赛的成绩如下。

	飞行时间 /s	评分时间 /s
第 1 次飞行	63	60
第 2 次飞行	239	239
第 3 次飞行	182	180
第 4 次飞行	90	90
总时间 /s	60+239+180+90=569	

课目 I：最长的 3 次飞行（Three longest flights）

每轮比赛时间为 10 min。在比赛时间内，选手起飞次数不限，每次最大测定时间为 200 s，取 5 次最长的飞行时间相加作为总成绩。

课目 J：最后的 3 次飞行（Three last flights）

每轮比赛时间为 10 min。在比赛时间内，每位选手飞行次数不限，但只计最后 3 次的飞行成绩。每次最大测定时间为 180 s。

例如：一位选手一轮的飞行成绩如下。

第1次飞行 /s	第2次飞行 /s	第3次飞行 /s	第4次飞行 /s	本轮成绩 / 分
150	45	180	150	45+180+150=375

课目 K：大阶梯任务——5 次飞行 30 s 递增
（Increasing time by 30 seconds, "Big Ladder"）

每轮比赛时间为 10 min。在比赛时间内，每位选手飞行 5 次，每次最大测定时间依次为：60 s、90 s、120 s、150 s、180 s。每次成绩依次按当次最大测定时间，超出当次最大测定时间的部分不计入成绩。取最后 5 次成绩之和为总成绩。

2. 抛甩训练方法

为了将 F3K 模型抛甩到足够的高度，操纵手必须将自身的肌肉爆发力和肢体的柔韧性充分结合，以为模型滑翔机获得最大爬升高度提供充分的动力。待模型升空转入滑翔飞行后，F3K 模型的操纵就与其他遥控模型滑翔机的操纵基本一样了。

（1）新手面临的主要问题

作为遥控航空模型项目中唯一一项将操纵手肢体运动与遥控技术相结合的比赛项目，F3K 操纵手的训练有其独特的特点，特别是模型的起飞抛掷阶段。新手进行飞行训练时，容易出现以下两个问题。

（a）在抛掷模型时肢体运动不流畅、不协调，造成甩动力量分散，不能集中到模型上，导致模型离手时姿态不够稳定（见图 2-44）。

（b）肌肉力量较弱，模型的出手速度相对较小。

上述问题会严重影响模型的上升高

图 2-44　模型出手后角度太平，影响发射高度

度，进而影响比赛的最终成绩。不可否认的是，体能素质的优劣对 F3K 项目成绩的影响很大。虽然不需过分强调发展运动员的绝对力量，但应使操纵手在拥有一定力量的基础上提升速度，以保证其具备比赛所需的较强的动作爆发力（见图 2-45）。因此，操纵手在训练时，必须进行科学的专项体能训练，训练的具体安排也应围绕 F3K 项目的特点开展。

（2）手抛掷模型关键肢体动作解析

（a）用力的顺序要遵循从下到上的原则。首先侧对风向两腿分开站立，膝关节微屈；然后右脚蹬地，右髋向抛掷方向转动和前进，使髋轴超越肩轴，并加大身体的扭转程度。

（b）左肩与左臂向抛掷方向牵引，

躯干以左腿为轴向左前方转动，身体重心向左腿移动，抛掷手臂带动模型以最大转动半径沿最大弧线向前快速运动。

（c）当模型摆动到身体右侧时，弯曲的右膝伸直继续蹬伸，左肩制动、左膝伸直用力，形成左支撑。身体右侧继续转动，使肩轴迅速超越髋轴，全身力量通过摆动臂和手指将模型以最大力量甩出。

图 2-46 和图 2-47 分别是模型出手动作及步法分解图。

通过上述高效的身体运动，才能将全身的力量完全传递给模型，达到使模型高速向上爬升的效果。

上述动作均以右手抛掷模型为例。若用左手抛掷模型，则相关动作相反。

图 2-45 科学的力量训练，能进一步提高发射初速，使模型获得更大的初始高度

图 2-46　模型出手动作分解图

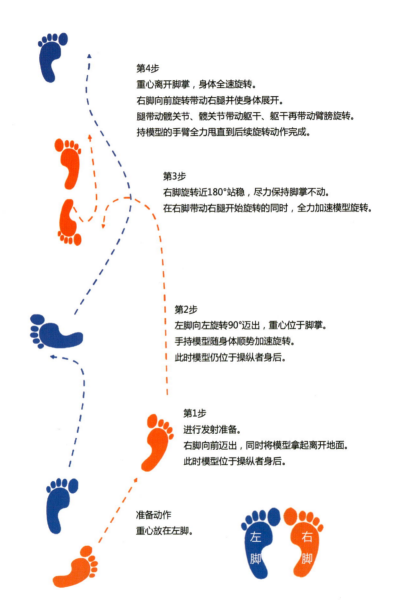

第4步
重心离开脚掌，身体全速旋转。
右脚向前旋转带动右腿并使身体展开。
腿带动髋关节、髋关节带动躯干、躯干再带动臂膀旋转。
持模型的手臂全力甩直到后续旋转动作完成。

第3步
右脚旋转近180°站稳，尽力保持脚掌不动。
在右脚带动右腿开始旋转的同时，全力加速模型旋转。

第2步
左脚向左旋转90°迈出，重心位于脚掌。
手持模型随身体顺势加速旋转。
此时模型仍位于操纵者身后。

第1步
进行发射准备。
右脚向前迈出，同时将模型拿起离开地面。
此时模型位于操纵者身后。

准备动作
重心放在左脚。

左脚   右脚

图2-47　模型出手步法分解图

（3）身体力量与柔韧性的训练方法

基于抛掷模型的这些关键动作，选手的训练应主要集中在肌肉爆发力和肩、腕、腰、髋、踝等关节柔韧素质的提升上。

（a）下肢力量的训练

下肢运动是势能转化为动能的开始，力量也由此开始向上传递。想要提升下肢肌肉的力量，可采用的训练方法有：

● 负重提踵（见图 2-48）；

● 负重半蹲——下蹲要慢、起立加快（见图 2-49）；

● 跳台阶练习；

● 跳绳练习——包括单腿跳和双腿跳。

图 2-48 负重提踵练习   **图 2-49 负重半蹲练习**

（b）躯干转体力量的训练

躯干的转体动作是衔接上、下肢运动的关键环节，承载着下肢力量传递到手臂的作用。躯干核心区力量练习可采用的训练方法有：

● 仰卧左右体侧起（见图 2-50）；

● 负重转体——肩负杠铃分腿站立，身体向左右旋转（见图 2-51）；

● 传接球练习——两人背靠背分腿站立，其中一人手拿实心球，两人同时向一个方向转体将球传给另一个人，轮换做。

（c）上肢力量的训练

上肢甩动时会承受巨大的"离心力"。选手既要保持肢体的运动轨迹，又要将动能完全释放给模型。因此，上肢专项力量练习的训练方法有：

● 双手撑地俯卧撑练习（见图 2-52）；

● 仰卧侧举哑铃练习（见图 2-53）；

● 反手引体向上练习（见图 2-54）；

● 正握腕弯举练习（见图 2-55）。

图 2-50　仰卧左右体侧起练习　　　　图 2-51　负重转体练习

图 2-52　双手撑地俯卧撑练习

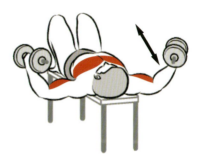

图 2-53　仰卧侧举哑铃练习

图 2-54　反手引体向上练习

图 2-55　正握腕弯举练习

（d）关节韧带柔韧性的训练

力量是身体素质的基础，在抓力量训练的同时，也应重视 F3K 项目所需的身体柔韧性的训练。如果韧带僵硬，会造成动作幅度不足、出手速度小，最终影响模型操控技战术水平的发挥。锻炼方法可采用：

● 柔韧体操；

● 各部关节的转动及屈、伸练习；

● 利用橡皮条进行各种韧带拉长和肌肉伸张、收缩练习。

当然，力量和柔韧性的锻炼要循序渐进展开，运动强度也需因人而异，采取适合自身负荷的计划进行训练，避免肌肉拉伤。经过对力量和柔韧性的强化、在原地抛掷模型的技术动作熟练之后，选手就可增加跨步转体一周的助跑环节，进一步将肢体充分展开，加大运动幅度，增加动作力矩，使肌群发力时间更长、收缩更充分，以达到更好的抛掷效果，取得更好的比赛成绩。

3

薄壳结构遥控模型滑翔机的
加工、组装和调试

（一）模型特点

首先介绍几个与薄壳结构相关的几何概念：

壳体——由内、外两曲面围成；

壳体中面——与两曲面等距的点所形成的曲面；

壳体厚度——内、外两曲面间的距离。

壳体通常可用中面的几何形状和厚度来描述：中面封闭的壳体称为封闭壳体，否则称为开口壳体；最大厚度远小于中面曲率半径的壳体称为薄壳。

薄壳结构充分利用其几何形状的合理性，主要以材料直接受压（而不是以沿厚度变化的弯曲应力）来承受外载，且将承重与围护功能合二为一，是一种重量轻、刚度大、强度高、承载性能好（见图 3-1，能以很小的厚度承受相当大的载荷）、经济合理的结构形式，在航空航天、造船、化工、建筑、水利、机械等工业领域应用广泛。

在航空模型活动中，利用薄壳结构可切削、组合出各种造型奇特新颖（见图 3-2）、表面光滑、色彩绚丽、美观大方的模型滑翔机，兼有制作容易、维修方便、稳定性好等优点。与采用传统构架结构（见图 3-3、图 3-4）的模型滑翔机不同，薄壳结构的模型滑翔机机翼内部无翼肋（见图 3-5、图 3-6），机身则为一封闭的曲面薄壳。

图 3-1　壳体结构承载性能良好

图 3-2　造型新颖的薄壳结构模型滑翔机

图 3-3　制作过程中的构架结构机翼

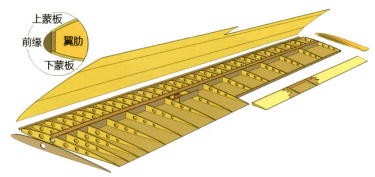

图 3-4　采用传统构架的机翼结构图

图 3-5　采用薄壳结构的机翼结构图

图 3-6　从损坏的机翼可以看到薄壳结构的内部构造

（二）材料选择

薄壳结构遥控模型滑翔机多采用玻璃纤维、碳纤维或芳纶纤维等组成的复合材料，多具有耐热抗高温、成形工艺性好、强度高、重量轻、抗疲劳、耐腐蚀等优良性能。下面分别介绍玻璃纤维、碳纤维和芳纶纤维的一些特点。

1. 玻璃纤维

玻璃纤维（Glass fiber）是由熔融玻璃制成的极细纤维，是一种性能优异的无机非金属材料，其拉伸强度高，弹性系数大，刚性好，耐冲击，耐热性好，不易燃烧或吸水，化学性能稳定；材质透明，易于加工成形。用玻璃纤维纱线可织造各种织物，如玻璃布、玻璃带等（见图3-7）。玻璃布主要用于生产各种电绝缘层压板、印刷线路板和模具等；玻璃带则用于制造高强度、介电性能好的电气设备零部件。以玻璃纤维及其制品（玻璃布、玻璃带、玻璃毡、玻璃纱等）为增强材料，以合成树脂为基体，可制成复合材料玻璃钢（Fiberglass Reinforced Plastics，简称FRP，学名是玻璃纤维增强塑料）。玻璃钢具有轻质高强（密度仅为钢的1/3~1/4，强度却比钢高1.7倍）、耐腐蚀、绝缘性能好等优点，是理想的热防护和耐烧蚀材料；但弹性模量（材料所受应力与产生的应变之比）较低，长期耐温性差，老化现象明显。

图3-7 玻璃丝（左）和玻璃布（右）

2. 碳纤维

碳纤维（Carbon Fiber）由聚丙烯腈纤维、沥青纤维、粘胶丝或酚醛纤维碳化而得，是一种力学性能优异的新材料。碳纤维可加工成纸、布、毡等各种形式（见图3-8~图3-10）。它除用作绝热保温材料外，很少单独使用，多作为增强材料加入到树脂、金属、陶瓷、混凝土等材料中构成复合材料。碳纤维复合材料具有耐高温（＞3 000 ℃）、耐烧蚀、热膨胀系数小、比强度和比模量（弹性模量与密度之比）高等优点，强度、韧性、耐磨性都比其他纤维材料（如玻璃纤维和凯芙拉纤维）好。其中，碳纤维树脂复合材料的抗拉强度在3 500 MPa以上，是钢的7~9倍，应用前景广阔。

3. 芳纶纤维

芳纶纤维（Aramid fiber）全称为聚对苯二甲酰对苯二胺，杜邦公司的商

图3-8 碳纤丝

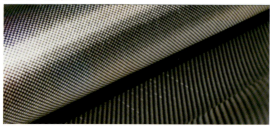

图3-9 普通碳纤布

图3-10 预浸胶碳纤布

图 3-11 芳纶丝

图 3-12 芳纶布

图 3-13 混纺布

品名为 Kevlar，即凯芙拉（见图 3-11~图 3-13）。芳纶纤维是一种新型高科技合成纤维，强度高，为钢丝的 5~6 倍，而重量仅为钢丝的 1/5 左右；模量大，为钢丝或玻璃纤维的 2~3 倍；耐高温，在 560 ℃的高温下不分解、不融化；抗老化能力强，生命周期长；耐酸耐碱，绝缘性好。

（三）工艺流程

1. 制作模具

利用复合材料制作薄壳结构模型滑翔机时，首先要制作模具，包括以下步骤：制作木质阳模→阳模表面处理→翻制玻璃钢阴模→阴模表面处理。

（1）手工制作木质阳模

传统的木质阳模制作工序（以机翼为例）：

（a）优选木料。为避免木模变形，应选用经过泡、晒等处理的干燥木料。

（b）根据图纸给出的机翼翼型、弦长和翼展等信息，用木料组合拼粘出阳模毛坯（见图 3-14）。

（c）经过刨、锉、磨、砂等工序，将阳模毛坯粗加工成形（见图 3-15）。

（d）对阳模做精加工，并进行喷漆、抛光等表面处理（见图 3-16、图 3-17），使其足够光滑，以保证之后翻制的玻璃钢阴模型腔的光洁度。

（e）确定分型面（将模具分成几部分，以利于脱模），然后将木质阳模固

图 3-14　拼接好的木质阳模毛坯

图 3-15　将阳模毛坯粗加工成形

分型面
前缘
后缘
型架

图 3-16　表面经过喷漆处理的机翼半模

图 3-17　表面喷黑色漆的机翼上下半模

定于型架中。为确保顺利脱模，分型面的形状应尽量简单。机翼和尾翼的分型面为其前后缘；机身分型面通常为其纵向最大剖面（见图 3-18）；复杂之处还可增加分型面或分模（见图 3-19）。注意避免出现倒拔模斜度，以致无法脱模。

（2）手工翻制玻璃钢阴模

玻璃钢阴模是以树脂为基体，以玻璃纤维为增强材料，以木质阳模为基准制成的模具。它具有成形灵活、生产开发周期短、工艺性好、耐磨等优点。手工翻制玻璃钢阴模的工艺流程如下：

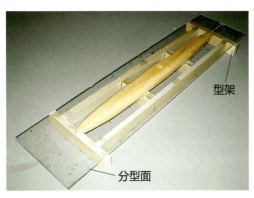

型架

分型面

图 3-18　机身通常以纵向最大剖面为分型面

图 3-19　结构复杂的机身可分模

（a）在已完成的阳模上搭建框架，打蜡、刷脱模剂（见图 3-20）并抛光。专业脱模剂较贵，可通过多打几遍地板蜡来代替。打蜡时采用回旋法，打一遍后等 5~10 min，用抹布擦至镜面效果后再打第二遍。蜡打得越多，越好脱膜。

（b）涂刷胶衣层（环氧树脂，见图 3-21）。注意应选深色胶衣树脂，且涂刷厚度适当（0.4~0.6 mm）。胶衣层太薄易磨损，太厚则表面易起皱或产生裂纹。

（c）配制环氧树脂。环氧树脂在常温下的黏度很大，可放在 60 ℃的恒温箱中加热 30 min，以降低黏度；然后将环氧树脂和丙酮（稀释剂，也可用环氧丙烷丁基醚，用量为环氧树脂的

8%~10%）放在干净的容器中混合，用电搅拌器或手工搅拌均匀；再加入固化剂（用量为环氧树脂的 20%~25%，

图 3-20　在阳模上刷脱模剂

可根据温度适当增减）迅速搅拌，进行真空脱泡 1~3 min，消除树脂胶液中的气泡后即可使用。

（d）逐层蒙敷玻璃纤维布（见图3-22）。当胶衣刚开始凝固，手感软而不黏时，将调配好的环氧树脂刷到胶衣上，然后逐层铺设 0.2 mm 厚的玻璃纤维方格布（第一层应选厚 0.1~0.2 mm 的高密度方格布），直到所需厚度为止，最后通过抽气加温完成模具的糊制。蒙敷时要注意：

① 严格控制每层环氧树脂的用量，既要充分浸润纤维，又不能过多。树脂用量过多则气泡不易排除，且固化放热多，导致纤维收缩率大。

② 每糊两三层后，要等树脂胶液固化放热高峰过后（此时树脂较黏稠）再糊制下一层。环境温度 20 ℃ 左右时，大约需等 60 min。

③ 玻璃纤维布必须铺敷平整，接缝应相互错开，且尽量不在棱角处搭接。角度大的地方可先用短切毡或脱脂棉填

图 3-21　涂刷胶衣层

图 3-22　蒙制玻璃纤维布

图 3-23　往模具中填料

充，再敷玻璃纤维布。

④ 各层玻璃纤维布应用毛刷压紧，赶出气泡，有时还要用尖状物把气泡挑开。

（e）用轻质锯末填充模具（见图 3-23），以起加强、支撑等作用。

（f）上模固化后，先不要脱模。拆除型架、修边，清理模具及下模表面上的杂物，然后打脱模剂、抛光，制作胶衣层，继续翻制下模。

（g）脱模修整。在常温（20 ℃左右）下糊制好的模具，一般 48 h 左右可基本固化定型，能够脱模。脱模时建议用压缩空气断续吹气，使玻璃钢阴模和木质阳模逐渐分离；然后用 400~1 000 号水砂纸依次打磨玻璃钢阴模表面，并用抛光机、抛光膏等进行后期处理。这些工序完成之后，玻璃钢阴模即可使用。

结构复杂的机身、机翼、水平尾翼或模型附件（见图 3-24、图 3-25），可直接用已有部件做阳模来翻制玻璃钢阴模（见图 3-26、图 3-27）。另外，为保证模具强度足够，避免其变形，可适当粘结一些支撑件、紧固件、定位销等（见图 3-28）。

（3）手工翻制玻璃钢阴模过程中的常见缺陷

（a）气泡。翻制玻璃钢阴模时，型腔表面易产生大量气泡，严重影响模具质量。产生气泡的原因有：环氧树脂黏度大、用量过多、树脂内气泡含量大；增强材料选择不当；各层玻璃丝布未压紧等。减少气泡的相应措施有：控制环氧树脂用量；将树脂真空脱泡；添加适量的稀释剂（如丙酮）；选用易被树脂

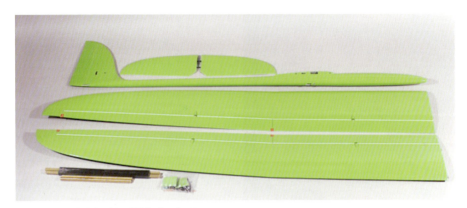

图3-24　由多个部件组成的机身、机翼

浸透的玻璃丝布等。

　　（b）流胶。手工糊制模具时，常出现胶液到处流淌的现象，原因主要有：树脂黏度太低；配料不均匀；固化剂用量少等。解决措施是：加入滑石粉、白碳黑（即硅粉）等填充剂提高树脂黏度；适当调整固化剂用量等。

　　（c）分层。主要原因也是树脂用量

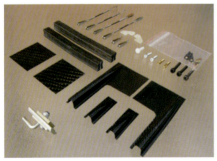

图3-25　模型附件

不足、各层玻璃丝布未压紧，以及加热时间过早或温度过高等。因此在糊制模具时，要注意树脂尽量不在凝胶前加热，并控制加热温度。

　　（d）裂纹。模具表面出现裂纹的主要原因是胶衣层太厚或脱模力度不均匀。因此最好用压缩空气脱模，严禁用硬物敲打模具。

　　（4）CNC 铣制阴模

　　CNC 是 英 文 Computerized Numerical Control（计算机数字化控制）的缩写，日常生活中多用来指数控机床（见图3-29）。它摆脱了纯粹由手工进行车、铣、刨、磨的加工方式，改由电脑程序自动控制加工路线，快速精确地制作各类产品。

图 3-26　直接用已有模型部件翻制阴模

图 3-27　翻制机身的阴模

图 3-28　模具周围可加紧固件（图中为 V 形尾翼翻模）

　　制作薄壳结构模型滑翔机时，可先用 CAD/CAM 等软件设计出各部件的三维实体模型（见图 3-30），以及相应的加工路径和进刀量；然后将需加工的模型毛坯装至数控机床；数控机床通过自动改变主轴转速、进给量、刀具相对工件的运动轨迹等，经过多道工序加工出模型的阴模（见图 3-31）。它避免了人工操作的误差、省去了制作阳模和翻制阴模的时间，大大提高了加工效率和精度。

图 3-29 数控机床

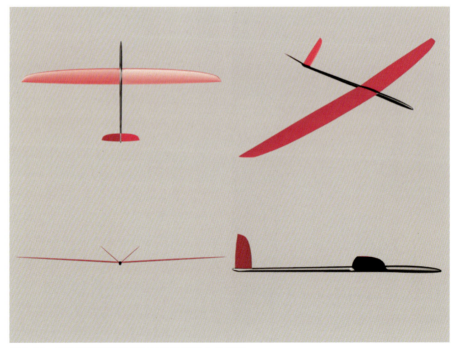

图 3-30 用计算机辅助软件设计出的三维实体模型

图 3-31　数控机床加工出的各种材质的阴模

2. 利用阴模制作模型实体

薄壳结构模型滑翔机实体的制作工艺流程：给模具打蜡、刷脱模剂→抛光→喷漆美化→刷胶蒙布→粘贴芯材→刷胶蒙布→抽真空处理→加温固化→粘贴梁、配重舱、舵机舱等附件→上胶（所用胶水为环氧树脂与白炭黑混合）→上下模合模→加温固化→脱模→修边。

（1）制作机翼

薄壳结构模型滑翔机的机翼采用夹层结构，其剖面如图 3-32 所示，包括轻木芯材及其外部蒙制的玻璃丝布、机翼大梁（竖纹轻木）等。夹层结构通常用低密度夹心材料来增加层板厚度，从而在重量增加很少的前提下，大幅提高结构刚度。模型复合材料常用的芯材有 PVC 泡沫（如瑞士 Airex 公司生产的 Herex 系列产品）和巴尔沙木（Balsa，即轻木）等轻质材料。巴尔沙木具有密度选择范围小、面层破坏后易吸水腐烂等缺点，已逐步被 PVC 泡沫所取代；但巴尔沙木价格较低，目前还有一定市场。下面介绍利用阴模制作薄壳结构机翼的主要过程：

（a）对阴模表面做打蜡、抛光处理。采用回旋法多次打蜡（与阳模的表面处理方法类似），每次打蜡后都用抹布擦至镜面效果（见图 3-33、图 3-34）。

（b）根据个人的颜色喜好给模具喷漆。建议选用聚胺脂漆（见图 3-35~

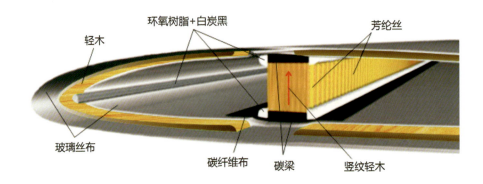

环氧树脂+白炭黑　　芳纶丝　　轻木　　玻璃丝布　　碳纤维布　　碳梁　　竖纹轻木

图 3-32　薄壳结构模型滑翔机的机翼剖面结构

打蜡后

抛光后

打蜡后

▲ 图 3-34 处理完成的阴模

◀ 图 3-33 对阴膜表面做打蜡、抛光处理

▼ 图 3-35 设计好模具表面的喷涂方案，可用报纸遮住暂时不需要喷漆的地方

图 3-36　揭掉报纸，继续在磨具表面喷漆

图 3-37　喷漆时需带面罩

图 3-37）。漆膜应是薄薄一层，刚好覆盖模具表面为宜。

（c）准备材料。准备制作机翼所需的轻木芯材（厚 1 mm）、玻璃丝布和碳纤维布等材料（见图 3-38~图 3-40），并将它们裁切成合适的大小和形状。

（d）配置环氧树脂胶液。与翻制玻璃钢阴模时用的方法相同。

（e）糊制机翼壳体。步骤如下：

① 待漆膜完全固化后，将调配好的环氧树脂胶液刷到漆膜上，随即铺一

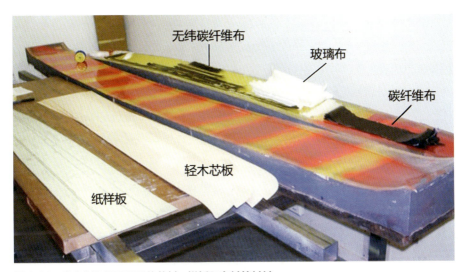

图 3-38　准备制作机翼所需的芯材、样板和布料等材料

图 3-39　依照样板剪裁碳纤维布

图 3-40　一副机翼所需的布料已备齐

层 0.1 mm 厚的高密度玻璃纤维方格布；用毛刷或胶滚将布层压紧，使胶液浸透方格布（见图 3-41）。

图 3-41　在模具上蒙制第一层玻璃纤维布

② 用刮胶板（见图 3-42）前后左右来回刮，使胶分布均匀，并排出气泡和多余的胶液，有时需用尖状物将气泡挑开。

③ 在轻木芯材两面也刷胶并刮匀，把它粘在玻璃布上（见图 3-43）；再在轻木芯材上铺一层 0.1 mm 厚的高密度玻璃纤维方格布（见图 3-44，碳纤维布、芳纶布都可）。

注意：整个糊制过程中，要严格控制树脂胶液的用量，以减轻重量；模具拐角处玻璃布不易附着，可先垫一束玻璃纤维，再涂胶铺布，以使玻璃布与模具表面完全吻合，避免产生气泡。

④ 通过抽气强制铺层与模具表面充分吻合、加温完成壳体的糊制。待胶液完全固化后，再对壳体进行修边处理（见图 3-45～图 3-48）。

（f）机翼大梁和插销的制作。普通机翼大梁由径切竖纹轻木与 2 mm 厚的无纬碳片组合而成，制作步骤主要包括刷胶（见图 3-49）、粘合（见图 3-50）、抽气定型（见图 3-51）等，做好的成品见图 3-52。高级机翼大梁

图 3-42　刮胶板

图 3-43　蒙制轻木芯材和玻璃布，抽空成型

图 3-44　抽真空成型

图 3-45　给壳体加温固化

图 3-46 胶固化后准备休整的壳体

图 3-47 抽气时可用真空泵（上）和冰箱压缩
机（右）两种设备，前者能达到的真空度较高

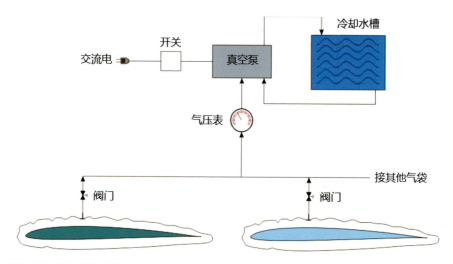

图 3-48　抽气系统安装示意图

开关
交流电
真空泵
冷却水槽
气压表
接其他气袋
阀门
阀门

图 3-49　在竖纹轻木上刷胶

包括复合梁（见图 3-53，由碳片、轻木和 PVC 泡沫组成的复合结构）和碳管梁（见图 3-54）两大类。目前，薄壳结构模型滑翔机机翼上用的插销（见

图 3-50　将无纬碳片粘至轻木

图 3-51 抽气定型

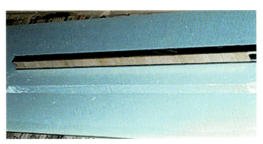

图 3-52 普通机翼大梁成品

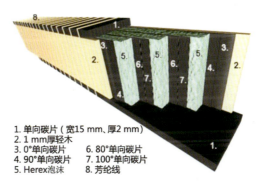

1. 单向碳片（宽 15 mm、厚 2 mm）
2. 1 mm 厚轻木
3. 0°单向碳片   6. 80°单向碳片
4. 90°单向碳片   7. 100°单向碳片
5. Herex泡沫   8. 芳纶线

图 3-53 复合梁剖面结构图

1. 单向碳片（宽15 mm、厚1~2 mm）
2. 90°单向碳片（厚0.5 mm、缠绕）

图 3-54 碳管梁结构图

图 3-55、图 3-56）主要有方形和圆形两种，其中方形插销应用较普遍。插销所用材料主要是预浸胶无纬碳布，用铝模（见图 3-57、图 3-58）加温压制而成。

（g）合模前的准备工作。待机翼上下壳体成型后（见第（d）步），先进行修边处理（见图 3-59）；再在壳体上挖出襟翼和副翼的前缘槽；将做好的大梁、副梁、舵机舱等附件粘到机翼上壳体内侧（见图 3-60~ 图 3-62）；然后，在上下壳体内预埋舵机线（见图 3-63）；最后配制好环氧树脂胶液，并加入适量白炭黑（白色粉末状无定形硅酸和硅酸盐产品的总称，包括沉淀二氧化硅、气相二氧化硅、超细二氧化硅凝胶、粉末状合成硅酸铝和硅酸钙等）调成糊状，涂在机翼上下壳体的结合部位（见图 3-64）。至此，合模前的所有准备工作完成。

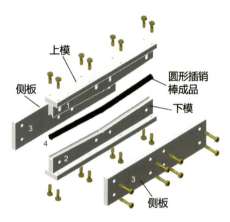

图 3-57　圆形插销棒及模具

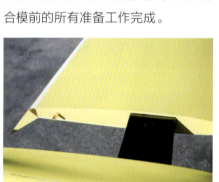

图 3-55　机翼上用的方形插销

图 3-56　机翼上的方形和圆形插销孔

图 3-58　方形插销盒及模具

图 3-59 给机翼壳体修边

图 3-60 在壳体内粘大梁、副梁、舵机舱等附件

图 3-61 测量附件高度，避免其超高

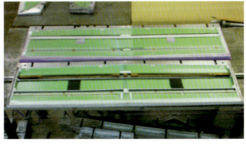

图 3-62 完成开槽、粘附件等工作的机翼壳体

图 3-63 在上下壳体内预埋舵机线

图3-64 在上下壳体的结合部位上胶，准备合模

C形钳

图3-65 铝制阴模的合模（用C形钳压实）

（h）合模。将机翼上下壳体（及壳体外的阴模）按定位销或槽的位置一次性闭合，完成合模（注意避免上下壳体侧滑错位）。用C形钳将模具压实后（见图3-65、图3-66）进行加温，等待胶液固化。

（i）拆模。待经过加温固化的模具自然冷却后，拆掉阴模，取出机翼（见图3-67）。若机翼难以脱模，可敲击模具或进行高压吹气。机翼脱模后，还需进行修边、舵面切割等后续工作。

图 3-66 复合模具的合模（用C形钳压实）

图 3-67 拆模后即可得到各种薄壳结构的机翼成品

（2）制作尾翼

尾翼的成型工艺与机翼基本相同。首先对阴模进行打蜡、抛光及喷漆处理（见图3-68、图3-69）。接下来糊制壳体，包括刷胶蒙布、粘贴芯材、抽真空处理、加温固化等环节。待壳体成形后，再挖槽并预埋线路（见图3-70~图3-72）。然后将尾翼上下壳体一次性闭合完成合模，用C形钳将模具压实后，等待胶液固化（见图3-73）。待模具自然冷却后，拆掉阴模，取出尾翼。最后完成修边及舵面切割等工作（见

图3-68　对V形尾翼阴模表面打蜡、抛光处理

图3-69　给模具喷漆

图3-70　糊制尾翼壳体

图3-71　挖舵面前缘槽

图 3-74、图 3-75）。

（3）制作机身

机身形状较为复杂，通常分段制作，且成型工艺与机翼有所不同（见图 3-76~ 图 3-84）：

（a）糊制机身壳体时，玻璃纤维方格布（碳纤布、芳纶布也可）要留有余量，用于上下壳体间的搭接（见图 3-77）；

（b）上下壳体合模时需放入气囊进行加压，使玻璃纤维布与模具充分贴合（见图 3-79）。

图 3-72 粘贴附件并预埋舵机机线　**图 3-73 完成合模**

图 3-74 拆掉阴模取出尾翼

图 3-75　完成修边及舵面切割等工作

图 3-76　给机身阴模表面打蜡

图 3-77　糊制机身壳体时需预留搭接布

图 3-78　按模具分段糊制机身上、下壳体

图 3-79　在壳体内置入气囊加压

图 3-80　合模，用 C 形钳压实

图 3-81　若拆模时难以脱模，可敲击模具

图 3-82　拆去上模的机身（左）和机头罩（右）

图 3-83 机头罩成品

图 3-84 机身成品

（四）组 装

1. 切割舵面

组装薄壳结构遥控模型滑翔机前，首先要用专用工具把舵面切割下来（见图 3-85），然后在舵面与安定面的接缝处粘接铰链、挡风板等部件（见图 3-86~ 图 3-88）。

图 3-85 切割舵面

图 3-86 在舵面和安定面的接缝处粘贴碳纤维铰链和挡风板（位于铰链对面，可减小舵面向上偏转时产生的阻力）

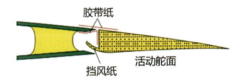

图 3-87 照相器材专用胶带纸　　**图 3-88** 铰链也可由胶带纸制作

2. 焊接舵机延长线

确定好舵机延长线长度后，将线穿入机翼，注意在舵机舱处多留一段延长线（见图 3-89、图 3-90）。焊接延长线及插头时，焊点及接头裸露的金属处用热缩管进行保护，以防短路（见图 3-91、图 3-92）。若舵机延长线与舵机线颜色不一致，注意不要焊错正负极和信号线（见图 3-93、图 3-94）。

3. 固定舵机

薄壳结构遥控模型滑翔机多采用金属齿轮舵机（见图 3-95）。安装时，将舵机置于舱内，用轻木块夹紧；或将耳片剪掉后，把舵机粘在舱壁上（见图 3-96）。

图 3-89　将舵机延长线穿入机翼

图 3-90　在舱口多留一段延长线

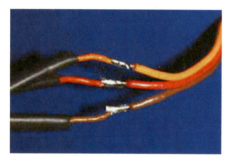

图 3-91　焊接延长线

图 3-92　布线完毕的襟翼舵机舱（副翼舵机延长线也由此经过）

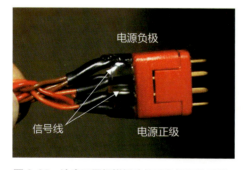

图 3-93　注意不要焊错插头的正负极和信号线

图 3-94　焊接好的机身段舵机延长线和插头

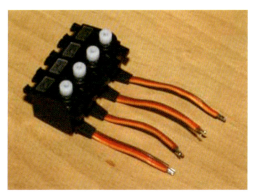

图 3-95　金属齿轮舵机

图 3-96　将舵机装在舱壁上

4. 组装连杆机构

舵机连杆结构可自制：购买现成的钢夹头；根据舵机摇臂到舵面摇臂的距离裁制钢丝或车条；在钢丝两端套好丝扣，拧上钢夹头（见图 3-97）。在连接

舵机一侧的钢夹头上锉一豁口，以免夹头与舵机轴产生碰撞（见图 3-98）。襟翼和副翼的舵机连杆结构装配方式如图 3-99。检查舵面偏转时，注意连杆与机翼及舵机舱盖间是否存在摩擦和碰撞。

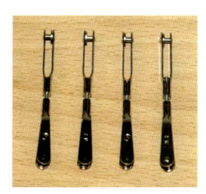

图 3-97　自制舵机连杆

图 3-98　在钢夹头上锉一豁口，以免夹头与舵机轴发生碰撞

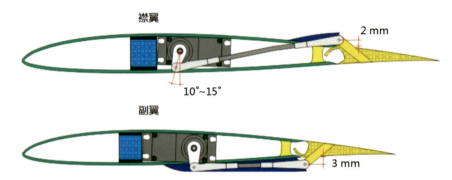

图 3-99 襟翼和副翼的舵机连杆结构装配方式

5. 粘贴舵机舱盖

先用美纹纸贴出舵机舱盖轮廓（见图 3-100）。再用双面胶将之前做好的舵机舱盖（以玻璃钢为材料，通过模具制作）粘在机翼上；比照美纹纸在舱盖上画线后，将其裁剪到合适大小（见图 3-101）。接下来对舵机盖进行打磨、修边处理（见图 3-102）。最后组装传动机构（见图 3-103）。

6. 装配机身

薄壳结构遥控模型滑翔机分为有动力和无动力两类。有动力类模型滑翔机，通常机头较短，外形尺寸也比无动力类小。

图 3-100 用美纹纸贴出舵机舱盖轮廓

图 3-101 按画线将舱盖裁剪到合适大小

图 3-102 打磨修整舵机盖

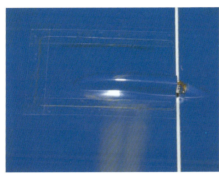

图 3-103 副翼（左）和襟翼（右）舱盖组装完毕

（1）无动力遥控模型滑翔机

装配无动力薄壳结构遥控模型滑翔机时，机身内部电子设备及其他部件（见图 3-104、图 3-105）的摆放原则是：重量大的部件尽量往前装。放置顺序是：最前端通常为机头配重（先预留出位置，整机组装完毕后再装入），后面依次是电源、舵机、接收机和配重管。其中配重重量会随比赛课目（飞行时间、距离和速度要求不同）、气流、风速等条件的变化而改变，以更好地调配模型重心。

（2）有动力遥控模型滑翔机

有动力遥控模型滑翔机的动力系统包括螺旋桨、电机、电调和动力电池等部件（见图 3-106）。其中，

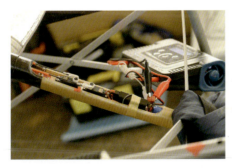

图 3-104 装配好的无动力模型滑翔机机舱内较重的电池靠前，较轻的舵机靠后

图 3-105 舵机连杆既可用硬杆等硬式结构，也可用软式结构

螺旋桨一般采用折叠桨，桨叶装在整流罩上，并通过金属桨毂及锁紧轴固定（见图 3-107）。

机身内部设备的放置顺序应符合设计要求，并根据模型重心来安排：动力电池、接收机、舵机等设备通常位于重心附近（即机翼下方），电调则要放在机头（见图 3-108、图 3-109）。

（3）将机翼装至机身

机身与机翼用插销固连，并通过机翼前、后缘附近的一对定位销定位。同时，在机身两侧面的相应位置打出定位孔，孔与销之间为滑动（间隙）配合（见图 3-110、图 3-111）。

图 3-106　有动力遥控模型滑翔机的动力系统组成

图 3-107　有动力遥控模型滑翔机常采用折叠桨

图 3-108　有动力遥控模型滑翔机机身内的电池靠后，放在重心附近

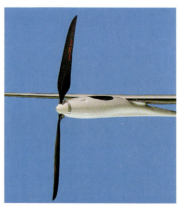

图 3-109　装配好的有动力薄壳结构遥控模型滑翔机头部

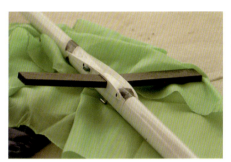

图 3-110 机身与机翼用插销固定在一起

图 3-111 机翼前、后缘附近各安装 1 个定位销

7. 装配尾翼

　　薄壳结构遥控模型滑翔机的尾翼通常安装在机身尾部的翼台上。安装时，先在翼台上钻孔，再用螺丝或插销钢丝将尾翼固定在翼台上（见图3-112）。尾翼结构形式有多种：V形、T形和十字形等。与十字形结构相比，V形尾翼结构简单，只有两个端面，诱导阻力较小（见图3-113）。T形尾翼也有两个端面，其优点是诱导阻力较小，且平尾不受机翼滑流影响；缺点是结构较复杂，强度要求高（见图3-114）。十字形尾翼有3个端面，缺点是诱导阻力稍大，但优点是尺寸大、操纵灵活（见图3-115）。F3K模型往往使用十字形尾翼，其平尾用螺钉固定在推拉摇臂上，为全动式结构，垂尾则位于平尾后方（见图3-116、图3-117）。

图 3-112 在翼台上钻孔，准备安装尾翼

图 3-113　V 形尾翼

图 3-114　T 形尾翼

图 3-115　普通的十字形尾翼

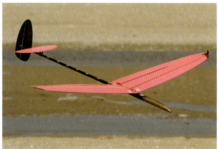

图 3-116　F3K 模型上常用的十字尾翼布局

图 3-117　平尾被固定在推拉摇臂上，可随摇臂上下摆动

8. 装机头配重

机身、机翼、尾翼以及各电子部件组装完毕后，接下来制作并安装机头配重，使薄壳结构遥控模型滑翔机获得合适的重心位置。整机重心通常应调整在距机翼前缘40%处，用支架定在模型滑翔机此位置下方（见图3-118）。具体方法是：在机头粘一纸杯，往杯中加入铅粒直至机身平衡（见图3-119）。将杯中的铅粒熔化，翻砂制成与机头形状相适合的配重，固定在机头最前端（见图3-120）。

9. 装牵引钩

牵引钩通常安装在遥控模型滑翔机重心后5~10 mm处（可随重心的变化前后调整）。这样有利于牵引，可使模型滑翔机出手后即仰头爬升，获得足够的起始高度，并将牵引线拉紧。图3-121是常见的两种牵引钩机构，都由导向槽和钩两部分组成。在模型滑翔机腹部开槽，用螺丝将导向槽固定在机身内，钩露在机身外（见图3-122、图3-123）。

图 3-118　调整整机重心位置

图 3-119　在机头纸杯中加铅粒使机身平衡

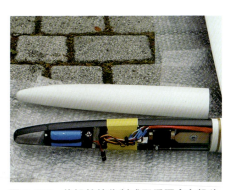

图 3-120　将铅粒熔化制成配重固定在机头最前端

图 3-121　常见的两种牵引钩机构

图 3-122　在模型滑翔机腹部开槽固定牵引钩

图 3-123　机身上的牵引钩

（五）调　试

模型滑翔机组装完毕后，将其倒置（见图3-124）或悬空正置（见图3-125），以免打舵时舵面运动受阻；然后用遥控设备对舵面进行设置，以更好地发挥模型性能（见图3-126、图3-127）；最后，通过手掷试飞设置好遥控器微调，确保模型滑翔机能保持平稳地直线飞行后，就可用绞盘车牵引其升空了。

Ｖ形尾翼在薄壳结构遥控模型滑翔机上用得最多，表3-1给出了此类模型滑翔机的各舵面设置经验值（因飞行课目和设置方式不同而有差异）。表中，舵偏转时向上为"＋"，向下为"－"；向左为"＋"，向右为"－"。

表 3-1　遥控模型滑翔机（采用 V 形尾翼）各舵面设置经验值

			重心	襟翼	副翼	升降舵	方向舵
设置		A（留空定点课目）	40%	−2	−2	+0.5	0
		B（距离课目）	40%	+1	+1	0	0
		C（速度课目）	40%	+2	+2	−1	0
		START（起飞）		−14	−14	+1	0
		BUTTERFLY（着陆刹车）		−54	+11	−5	0
差动设置		A（留空定点课目）	40%		−6~+18	−7~+10	−10~+12
		B（距离课目）	40%		−8~+22	−7~+10	−3~+4
		C（速度课目）	40%		−7~+19	−6~+8	0
		START（起飞）			0~+18	−8~+10	−13~+15
混控设置	A（留空定点课目）	升降舵联动襟、副翼	40%				
	A（留空定点课目）	副翼联动方向舵	40%		−6~+18		−10~+12
	B（距离课目）	升降舵联动襟、副翼	40%	−2	−2	+9	
	C（速度课目）	升降舵联动襟、副翼	40%	0	0	+8	
	START（起飞）	副翼联动方向舵			0~+18		−18~+16

图 3-124　将模型轻轻倒置在地面　　　　**图 3-125　将模型悬空正置在工作台上**

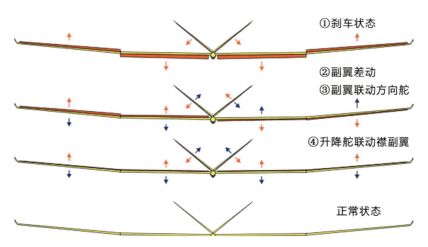

①刹车状态

②副翼差动

③副翼联动方向舵

④升降舵联动襟副翼

正常状态

图 3-126　模型滑翔机各舵面联动方式示意图

副翼

襟翼

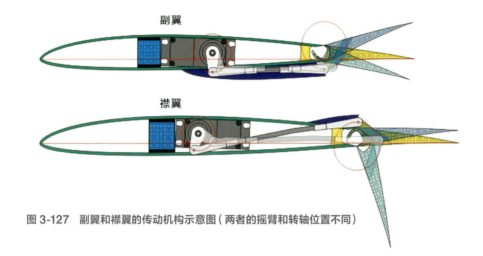

图 3-127　副翼和襟翼的传动机构示意图（两者的摇臂和转轴位置不同）

4

S8D/S8E/P 遥控
火箭推进模型滑翔机

S8D/S8E/P 遥控火箭推进模型滑翔机属于航天模型，同时也具有很多模型滑翔机的特点，是航天模型中唯一一个遥控项目。我国开展该项目的时间虽然不长，但进步很快，成绩稳步提高。成年组与青少年组均多次在世界锦标赛的国际赛场上取得优异成绩。下面介绍该项目的相关内容。

(一) 航天模型简介

在介绍 S8D/S8E/P 遥控火箭推进模型滑翔机前，应先了解一下航天模型的基本概念。所谓航天模型，就是不需用空气动力产生升力，而是靠装在其上的模型火箭发动机推动、克服重力升空的模型（见图 4-1）。航天模型一般具有回收装置，以便安全返回地面并再次飞行。目前，国际航联（FAI）将航天模型分为 10 个主要类别，分别冠以字母 S 开头、数字结尾的编号，如表 4-1 所列。

其中国内常见的有 S3 伞降模型火箭、S4 火箭推进模型滑翔机、S6 带降模型火箭、S7 像真模型火箭、S8 遥控火箭推进模型滑翔机和 S9 自旋转翼模型火箭（见图 4-2~ 图 4-7）。

每种航天模型，虽然外形与比赛内容等各不相同，但其升空都要由模型火箭发动机推进实现。模型专用的火箭发

表 4-1　航天模型的分类

编 号	名 称	编 号	名 称
S1	高度模型火箭 （Altitude models）	S6	带降模型火箭 （Streamer duration models）
S2	载荷模型火箭 （Payload models）	S7	像真模型火箭 （Scale models）
S3	伞降模型火箭 （Parachute duration models）	S8	遥控火箭推进模型滑翔机 （Rocket glider duration models）
S4	火箭推进模型滑翔机 （Boost-glider duration models）	S9	自旋转翼模型火箭 （Gyrocopter duration models）
S5	像真高度模型火箭 （Scale-altitude models）	S10	柔性翼模型火箭 （Flex-wing duration models）

图 4-1　大部分航天模型的造型都类似火箭，由安装在箭体底部的模型火箭发动机推进升空

图 4-2　S3 伞降模型火箭

图 4-3　S4 火箭推进模型滑翔机

图 4-4　S6 带降模型火箭

图 4-5　S7 像真模型火箭

图 4-6 S8 遥控火箭推进模型滑翔机

图 4-7 S9 自旋转翼模型火箭

动机内部装有固体推进剂，与普通火箭发动机类似，也依靠作用力与反作用力原理。发动机中装有的推进剂成分均已预先混合好，随时可供使用。根据大小及冲量，模型火箭发动机分为不同等级（见图 4-8、表 4-2），航天模型亦根据所用发动机的不同被划分为相应的等级

（除 S7 外）。

以 S1 高度模型火箭项目为例，装备不同等级发动机的模型被划分为 S1A/2、S1A、S1B、S1C、S1D、S1E 及 S1F 共 7 个级别。除发动机不同外，不同级别的模型大小、重量等也有所区别。依据国际航联（FAI）

表 4-2 模型火箭发动机等级

发动机等级	A/2	A	B	C	D	E	F
总冲量 /N·s	0.00 ~ 1.25	0.00 ~ 2.50	2.51 ~ 5.00	5.01 ~ 10.00	10.01 ~ 20.00	20.01 ~ 40.00	40.01 ~ 80.00

图 4-8　各种等级的模型火箭发动机

图 4-9　S8D 模型机身背面的发动机安装孔

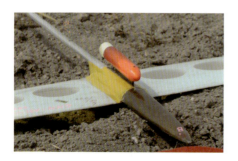

图 4-10　S8D 模型上装好的模型火箭发动机

2001 年的规定，自 2002 年起，S1A 与 S1B 分别作为 S1 项目青少年组与成年组的航天模型世锦赛项目；其他项目也各有相应的等级被列入航天模型世锦赛。2006 年至今，青少年组与成年组均要求使用 A 型箭体，除 S1、S5 外。

（二）S8D/S8E/P概述及发展

S8 遥控火箭推进模型滑翔机作为航天模型中唯一的遥控类项目，具有无法比拟的优势与吸引力，是各类航天模型中开展得最好的项目之一。S8 模型主体类似普通的模型滑翔机，但在机身背面通常有一个安装孔，用于固定模型火箭发动机（见图 4-9、图 4-10）。模型由一个单级火箭推进升空，进入滑翔后靠气动力面（主要是机翼）产生升力克服自身重力，通过无线电遥控进行稳定滑翔飞行并返回地面（见图 4-11、图 4-12）。按照不同的模型发动机级别，可按表 4-2 分类。

按国际航联（FAI）规定，从 2002 年开始，S8E/P 被设为航天模型世锦赛成年组竞赛项目（此前成年组为 S8E，无着陆分）；S8D 为航天模型世锦赛青少年组竞赛项目。其中 S8E/P 项目

图 4-11　S8D 模型由火箭推进升空

图 4-12　S8D 模型遥控滑翔降落

英文名称为 Rocket glider duration and precision landing models，增加的 "P" 表示定点着陆，即在留空时间课目基础上增加了定点着陆课目，加大了比赛难度。

我国于 1998 年正式将 S8D 列入全国锦标赛项目。经过十多年的发展，参加 S8 遥控火箭推进模型滑翔机项目的人数逐渐增多（见图 4-13）。

2003 年，国家体育总局航空无线电模型运动管理中心根据国际航联项目调整，进行了项目赛制创新，将

S8D 改为独具中国特色的 S8D/P，即将定点着陆课目的比赛加入到青少年组 S8D 遥控火箭推进模型滑翔机比赛中，用 D 型模型火箭发动机完成 E 型模型发动机的比赛内容。这项创新大大促进了我国该项目的发展。

2014 年世锦赛上，青少年组 S8D 项目也增加了定点着陆内容，模型在飞满 360 s 后着陆到指定的 20 m×20 m 区域内，可获得着陆分 60 分。

近年来，我国在该项目比赛中取

图 4-13　2008 年全国青少年比赛 S8D/P 比赛现场

图 4-14 获得 2004 年第 15 届航天模型世锦赛 S8E/P 项目团体冠军的中国队，从左到右依次为牛晓斌、朱建成（教练）、张学祥和卢征（获个人第 3 名）。

得了长足进步，2004 年，中国队夺得了第 15 届航天模型世锦赛 S8E/P 项目的团体冠军（见图 4-14）。而自 2010 年起，中国队已经连续 3 次获得航天模型世锦赛 S8E/P 项目团体冠军。图 4-15 为参加 2014 年航天模型世锦赛 S8E/P 项目团体冠军的中国队员在赛场合影，卢征获个人冠军（右二），队友张兆年获个人第 4 名（左一），李士其获第 5 名（右一），主教练为张学祥。

图 4-15 获得 2014 年航天模型世锦赛 S8E/P 项目团体冠军的中国队

（三）S8D/S8E/P技术特点

1. 场 地

　　S8D/S8E/P 项目不需要起飞与降落跑道，有一块较大的平整草地就行。S8D（青少年组）与 S8E/P（成人组）项目标准赛场为半圆形（见图 4-16），划分有不同的区域。各区域有相应的赛事人员，参赛队伍沿圆周依次分布于各

比赛号位上，具体安排可参考表 4-3 与图 4-17。赛场左右半区分别是青少年组和成人组比赛区。距成人区圆周外围一定距离会布置一块矩形着陆区，用于定点着陆。在国内比赛中，由于比赛规模与场地条件的限制，因此并未做非常严格的要求，各号位在划定的比赛区域内一字排开，互相不干扰即可。各队按抽签结果到相应号位进行比赛。

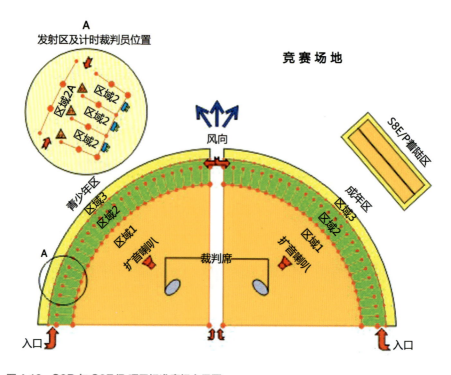

图 4-16　S8D 与 S8E/P 项目标准赛场布局图

表 4-3 各区域人员分布表

区域 1	区域 2（1 青少年组）	区域 2A（青少年组）	区域 2（成人组）	区域 3
仲裁 执行裁判长 裁判员 竞赛主任 计时裁判员 副计时裁判员 大会工作人员	参赛运动员 （限 3 人） 仲裁 竞赛主任 审核裁判员	参赛运动员 青少年队的领队 领队助理 仲裁 竞赛主任 审核裁判员	参赛运动员 领队 领队助理 仲裁 竞赛主任 审核裁判员	自由通道

图 4-17 各区域人员分布图

2. 起 飞

S8D/S8E/P 模型滑翔机由火箭发动机推进起飞升空。发射前必须先检查模型各舵面工作是否正常，电池电量是否充足；然后将模型平稳地放在倾斜的发射架上，而且将点火线也固定在发射架上，装上火箭发动机后，其尾端伸出的两根金属线分别接点火线正、负接线钳并防止短路（见图 4-18）。准备工作做好后，选手可向本号位记时裁判员申

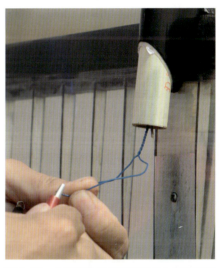

图 4-18 火箭发动机金属线与点火线正负接线钳接好（注意此时应断开发射保险）

请发射。经裁判同意并发出发射口令后，助手才能按下按钮发射（见图 4-19）。之后模型即在火箭推进下以一定发射角快速升空。选手则需立即开始操控模型保持好上升姿态，以使其爬升到足够的高度（见图 4-20、图 4-21）。

3. 滑　翔

几秒后火箭发动机熄火，而模型依靠惯性会继续爬升。至最高点时，选手应推杆将模型姿态改平使之进入滑翔状态。推杆时机与动作的把握非常关键，如果操纵不当，模型很容易失速，即使能挽救回来，也会损失很大高度，减少留空时间。对于 S8D/S8E/P 项目，选手要尽可能精确地完成 360 s 的飞行，模型留空时间不到或超过 360 s 都要扣减相应的分数，因此选手必须具备寻找上升气流操纵模型在上升气流中盘旋以及准确判断着陆时机的能力（见图 4-22 ）。

图 4-19　助手按下按钮发射模型

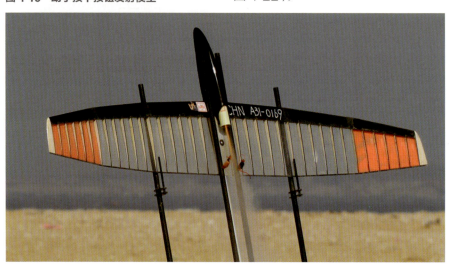

图 4-20　点火瞬间

图 4-21 高速爬升

图 4-22 模型在上升气流中滑翔

4. 着 陆

　　2010 年以前，定点着陆区域是一块 10 m×50 m 的矩形。其内设置 100 分、50 分、25 分的分值区（图 4-23、图 4-24）。机头落入不同区域，则取得相应分值的定点着陆分；若降落在着陆区外，则着陆不得分（见图 4-25、图 4-26）。

　　2010 年以后，定点着陆区域改为半径 10 m 的指定圆圈内。着陆区由数个 10 m 半径的圆组成，排列与风向垂直，并标示出不同的落地分值。着陆区相互重叠，训练时的着陆区圆心间距

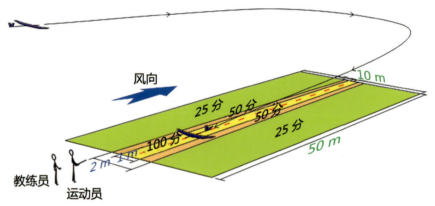

图 4-23　定点着陆区域示意图

图 4-24　现场用细绳围出的着陆区，不同细绳间的区域得分不同

图 4-25　模型准确落入 100 分区域　　　　图 4-26　推杆稍慢，模型与得分区"失之交臂"

最小为 5 m，比赛时应为 10 m（见图 4-27）。比赛裁判负责确定风向和着陆区的布局，在一轮比赛中不允许改变着陆区。裁判员将测量模型着陆静止后机头在地面的垂足到靶心的距离（见图 4-28~图 4-31）。

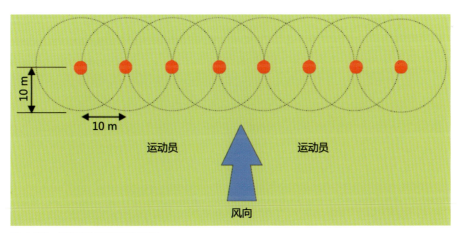

图 4-27　S8D/P 着陆区场地图

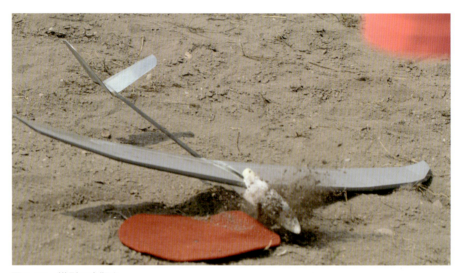

图 4-28　模型正中靶心

图 4-29　推杆力度过大，模型直插到地面，稍有偏差

图 4-30　裁判员测量模型机头与靶心的距离

图 4-31　机头到靶心的距离不足 1 m，着陆满分

5. 计时与评分

模型计时应从其在发射架上的第一个动作开始到模型触地为止。

飞行期间裁判员应在距离选手 10 m 的范围内相互对立计时。裁判员测量模型着陆静止后机头在地面的垂足到靶心的距离，并按着陆区圆心为 100 分，每远离圆心 1 m 减 10 分的标准评分。如果模型机头压在标志线上，按较低分值记分，以确定选手的着陆加分。

模型留空每 1 整秒得 1 分，最多为 360 分（即 360 s）。飞行超过 360 s，则每多 1 整秒减 1 分。

若模型飞行时间超过 390 s、模型着陆于指定着陆区外、模型碰撞到选手或助手（本队人员），或选手阻止模型，则着陆定点不得分。

每轮飞行成绩为留空时间得分与着陆定点得分之和。

每组中成绩最高者换算为 1 000 分，其他选手的成绩如下：

换算得分

$P = 1\ 000 \times (P/P_{\mathrm{w}})$

式中，P 为留空得分与定点得分之和（原始分）；P_{w} 为同批次最高原始分。

最终排名由每名选手所有换算得分之和决定。如成绩相同，则看最好成绩。若仍相同，再看第二个好成绩。

（四）器材简介

S8D/S8E/P 主要包括模型、发射架、模型火箭发动机、发射开关及遥控设备等器材。接下来仅就发射架和模型两部分予以介绍。

发射架是航天模型特有的起飞装置，既能在起飞前安放模型，保证其发射姿态的稳定，又能在发射时起导向作用，保证模型沿预定的发射角起飞；此外，还便于模型脱离。由于 S8D/S8E/P 项目更接近模型飞机，因此其发射架与其他航天项目有所不同。除了底座具备角度调节功能外，安放模型的支架一般采用多根互相平行的导向管，以便对模型的机翼、尾翼和机身进行定位和导向（见图 4-32）。

作为模型滑翔机的一个分支，S8D/S8E/P 模型具有重量轻、展弦比大、机身细长等滑翔机的一般特点。但受发射方式的影响，其布局亦有不少变化。在模型起飞过程中，由于火箭发动机喷出的高速燃气作用到后部

图 4-32 国内外几种不同形式的发射架

的机身与尾翼上会产生较大的干扰与阻力,影响模型的性能,因此设计中一般采取加大火箭发动机与机身轴线距离、将尾翼与发动机对侧布置等措施来减小这些不利因素(见图4-33、图4-34)。目前,国内模型的发动机多安装在机身背部,因此一般尾翼对

侧布置为倒 V 形(见图4-35)。当然,也有采用同向布置的(见图4-36)。此外,有些模型采用双尾撑结构也能减小干扰与阻力,且有利于提高模型的结构强度(见图4-37)。

当前,S8D/S8E/P 模型的结构主要有构架式和模具成型两种,如图4-38

图 4-33 德国选手使用的 V 形尾翼模型

图 4-34 垂尾与发动机常采用对侧布置

图 4-35 国内很多选手使用倒 V 形尾翼模型

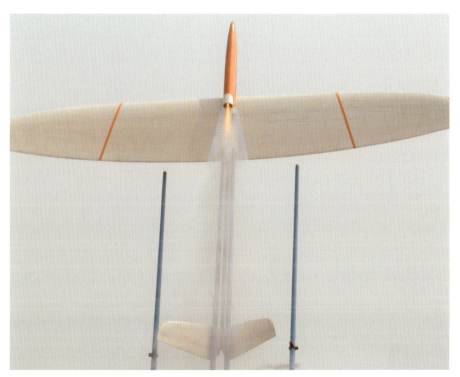

图 4-36   发动机与 V 形尾翼位于同侧的模型

图 4-37   双尾撑结构

图 4-38   模具成型的模型

所示。其中，S8D 模型基本采用前者，而 S8E/P 模型则两者兼而有之。构架式结构制作工艺简单，成本相对较低，早期为木质材料，目前已经发展到使用碳纤维或合成纤维等材料制作。与传统纯木质构架模型相比，使用新材料的模型，其结构强度大大提高，重量却明显降低。

模具成型的模型是随着新材料与新工艺的发展而出现的。其强度更大、精度更好，但成本较高，且重量偏大，特别适合在气象条件恶劣的环境下飞行。模具成型的模型可以轻易实现新型低阻几何外形的设计制作，增强了抗风性能、滑翔性能等方面的优势。其模型在比赛中爬升姿态更稳定，高度提高更多。

除此之外，S8D 与 S8E/P 的具体结构也有区别。因为成年组的 S8E/P 项目比青少年组的 S8D 增加了定点着陆课目，为提高模型定点着陆能力，S8E/P 模型多数都有襟翼和副翼，通过遥控器的简单设置即可实现襟翼和副翼的刹车功能（见图 4-39）。国内的 S8D/P 项目虽然也有定点着陆课目，但因其使用

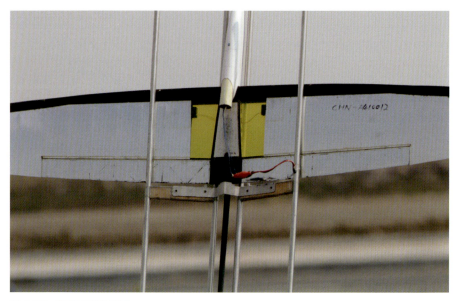

图 4-39 带襟副翼的模型

的 D 型火箭发动机总冲量仅有 E 型的一半，为了减轻重量以获得最大高度，只得简化结构，放弃襟、副翼功能（见图 4-40）。

图 4-40　无襟副翼的模型

附录 图纸

世界冠军 Nick Wright 的 F3B 模型滑翔机图纸

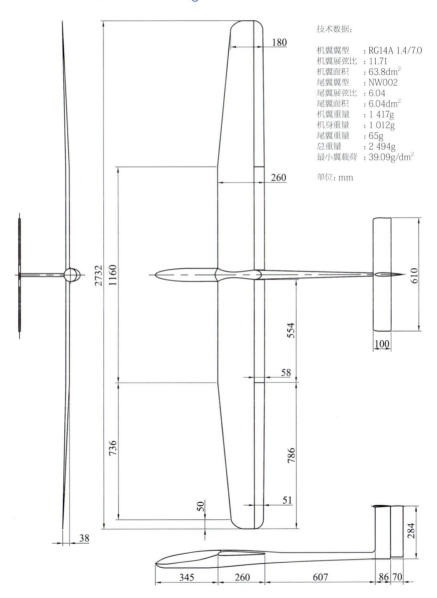

技术数据：

机翼翼型 ：RG14A 1.4/7.0
机翼展弦比 ：11.71
机翼面积 ：63.8dm^2
尾翼翼型 ：NW002
尾翼展弦比 ：6.04
尾翼面积 ：6.04dm^2
机翼重量 ：1 417g
机身重量 ：1 012g
尾翼重量 ：65g
总重量 ：2 494g
最小翼载荷 ：39.09g/dm^2

单位：mm

Radical F3B 模型滑翔机图纸

设计: Andreas Herrig
Martin Herrig
Martin Weberschock

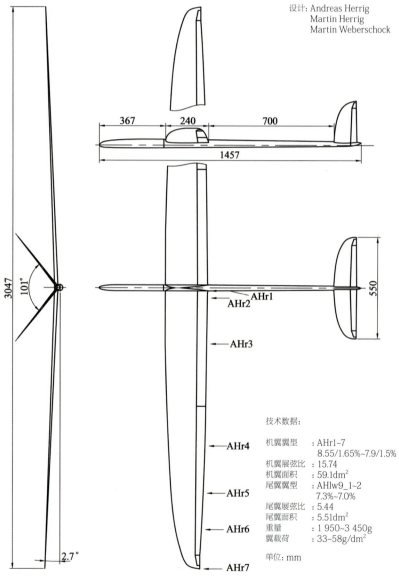

367   240   700

1457

3047

101°

2.7°

550

AHr1
AHr2
AHr3
AHr4
AHr5
AHr6
AHr7

技术数据:

机翼翼型	: AHr1~7
	8.55/1.65%~7.9/1.5%
机翼展弦比	: 15.74
机翼面积	: 59.1dm²
尾翼翼型	: AHlw9_1~2
	7.3%~7.0%
尾翼展弦比	: 5.44
尾翼面积	: 5.51dm²
重量	: 1 950~3 450g
翼载荷	: 33~58g/dm²

单位: mm

Europhia 2f F3B 模型滑翔机图纸

设计：M.Weberschock

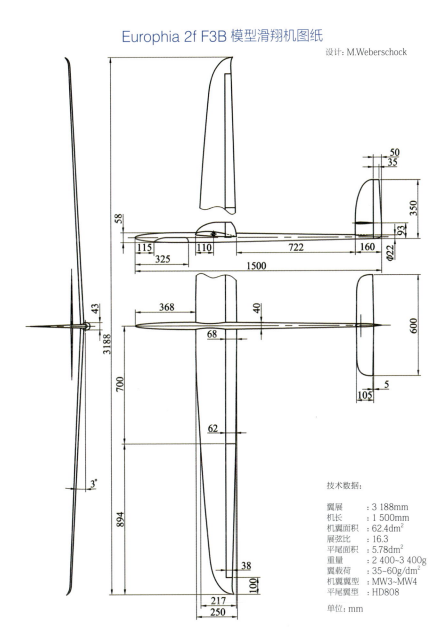

技术数据：

翼展	：3 188mm
机长	：1 500mm
机翼面积	：62.4dm²
展弦比	：16.3
平尾面积	：5.78dm²
重量	：2 400~3 400g
翼载荷	：35~60g/dm²
机翼翼型	：MW3~MW4
平尾翼型	：HD808

单位：mm

世界冠军 Reinhard Liese 的 F3B 模型滑翔机图纸

技术数据:

机翼面积 ：65.1dm²
展弦比 ：14.8
平尾面积 ：5.8dm²
重量 ：2 700~3 300g
翼载荷 ：38~47g/dm²
机翼翼型 ：HQ2-9/RG15
平尾翼型 ：symm.d 7%

单位: mm

CROSSFIRE-V F3B/F3F 模型滑翔机图纸

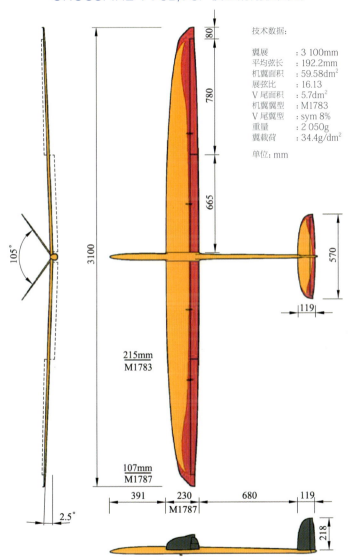

技术数据:

翼展 : 3 100mm
平均弦长 : 192.2mm
机翼面积 : 59.58dm²
展弦比 : 16.13
V 尾面积 : 5.7dm²
机翼翼型 : M1783
V 尾翼型 : sym 8%
重量 : 2 050g
翼载荷 : 34.4g/dm²

单位: mm

80
780
665
3100
570
119
105°
2.5°
215mm M1783
107mm M1787
391
230 M1787
680
119
218

TOMOHAWK F3B 模型滑翔机图纸

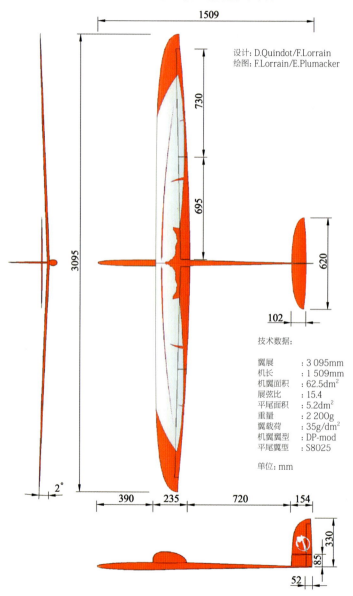

设计: D.Quindot/F.Lorrain
绘图: F.Lorrain/E.Plumacker

1509

730

695

3095

620

102

2°

390   235   720   154

330

85

52

技术数据:

翼展	: 3 095mm
机长	: 1 509mm
机翼面积	: 62.5dm²
展弦比	: 15.4
平尾面积	: 5.2dm²
重量	: 2 200g
翼载荷	: 35g/dm²
机翼翼型	: DP-mod
平尾翼型	: S8025

单位: mm

Aspire V 形尾翼 F3J 模型滑翔机图纸

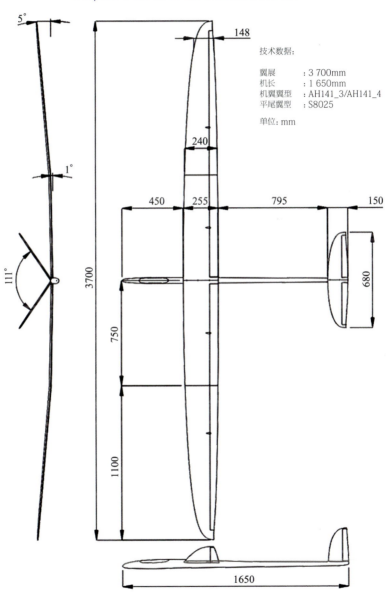

技术数据:

翼展 : 3 700mm
机长 : 1 650mm
机翼翼型 : AH141_3/AH141_4
平尾翼型 : S8025

单位: mm

V 形尾翼 F3F 山坡竞速模型滑翔机图纸

设计：Andreas Martin Herrig

60

105

220

152

13

300

200

360

225

AH69

520

AH37

380　230　900　120

103°　HD801

520

53

52

AH69

3

AH37

15

820

153.5

43

74.6

技术数据：

翼展　　　：2 800mm
机长　　　：1 400mm
机翼面积　：54.8dm²
展弦比　　：14.3
尾翼面积　：5dm²
尾翼角度　：103°
重量　　　：1 900~3 800g
翼载荷　　：35~70g/dm²

单位：mm

NewSting F3B/F3H 模型滑翔机图纸

设计: Vaclav Vojtisek

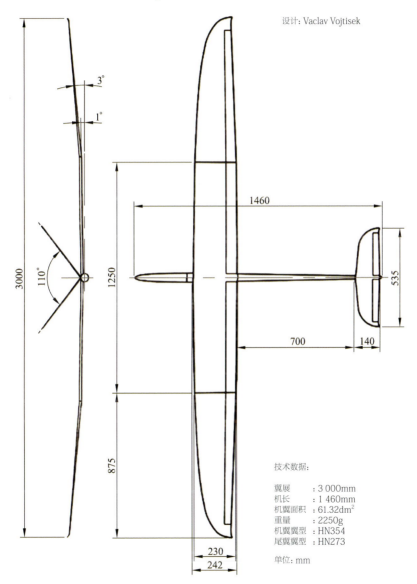

技术数据:

翼展　　　: 3 000mm
机长　　　: 1 460mm
机翼面积　: 61.32dm^2
重量　　　: 2250g
机翼翼型　: HN354
尾翼翼型　: HN273

单位: mm

Blaster 2 F3K 模型滑翔机图纸

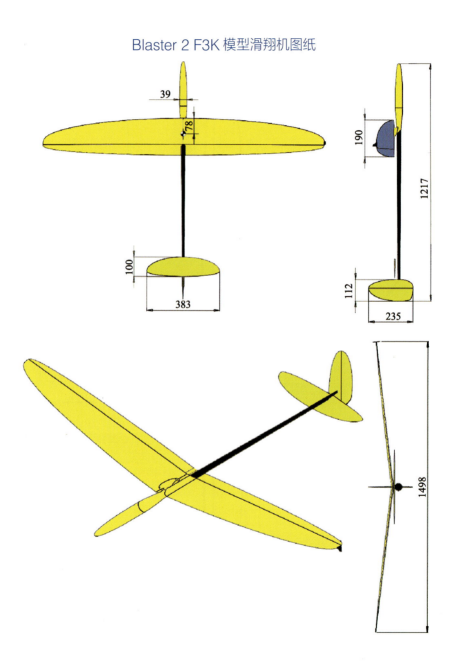

S8E/P 模型滑翔机图纸

技术数据:

翼展 ：1 230mm
机翼面积 ：14.34dm²
尾翼面积 ：1.43dm²
重量 ：145g

单位: mm

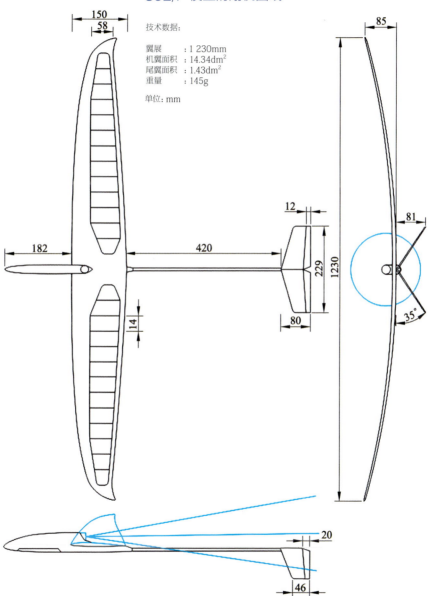